CD付

AQIANG DE GUSHI

阿強的故事
アー　チャン　の　もの　がたり

中国現代社会論

相原茂　蘇明 著

好文出版

序

中級の語学のめざすところは何だろう。
もちろん語学力を高め、応用力を養うということが挙げられる。
もう一つ、その言語が話されている社会を理解することを挙げたい。
つまり現代中国社会を理解することである。

本書は、ごくあたりまえの農村出身の若者が、都会に出て、その勤勉さと進取の気性をいかし、自分の工場を経営するまでになるという成功譚を紹介する。文章はわかりやすく、簡潔にして的確である。安心して学ぶことができる。

課文があり、語釈があり、練習問題もある、普通のテキストであるが、我々はここにあえて「中国現代社会論」という副題をつけた。
それは「阿強」という主人公の、成長と奮闘の過程がまさに現代中国の発展と変貌を背景にしており、この中国社会の変遷を知り、社会の構造や制度を理解することが、この物語を読み解く上で欠かせないと考えたことによる。

いま日本の大学生が社会に巣立つにあたり、最も要求されることの一つ、それは中国社会に対する理解だろう。
本書では現代の中国社会を形成している基本的な諸要件を取り上げ解説する。例えば、計画出産のこと、改革開放政策、結婚や就職、親子関係、都市と農村の経済格差、労働賃金、教育、自動車産業、春節などなどである。これらによって、本書はこれまでにない中国語テキストたり得たと言えるだろう。

なお、この物語は事実に基づいている。私は日本の学生諸君に、阿強の奮闘ぶりを読み、ひそかに大志を抱いて欲しいのである。

日中は互いに隣邦である。この地理的関係は永遠である。隣り合っていればつきあいも多い。つきあい多ければトラブルも起こるだろう。相手の事情を知り、基本的な社会構造や文化を心得ておくことは 21 世紀を生きる学生諸君の新しい常識となるであろう。

2010 年 10 月
相原　茂

阿強的故事

CONTENTS

● 序

第1課　阿强的出生 ●01
【人口と計画出産】1. 中国の人口が増え続ける原因／
2. 人口抑制対策／3. 「一人っ子政策」の実施による新しい問題

第2課　阿强的童年 ●07
【人民公社】1. 人民公社／2. 人民公社の必然性／
3. 人民公社の業績／4. 人民公社の問題点／5. 人民公社の解体

第3課　阿强学艺 ●13
【改革開放】1. "改革开放"／2. 改革開放の経緯／
3. 改革開放30年の成果／4. 改革開放の問題点／5. "农民工"／
6. "新生代农民工"／7. "招工难"／8. 賃上げと外資企業

第4課　大上海 ●19
【上海租界】1. "上海租界"／2. "外滩"／3. "南京路"／4. "世博会"

第5課　东莞 ●25
【広東省】1. "东莞"の概況／2. 経済発展／3. 広東省／
4. "华侨"／5. "深圳"／6. "深圳速度"

第6課　阿娥的出现 ●31
【結婚】1. 婚姻と家庭／2. "择偶条件"／3. 結婚年齢／
4. 結婚式の費用／5. "离婚"／6. 結婚後の女性の氏名

第7課　长途跋涉 ●37
【中国の交通事情】1. "自行车"／2. 市内の交通機関／
3. "地铁"／4. "动车组"／5. 上海の"磁浮列车"／6. "青藏铁路"

第8課　创业 ●43
【大学生创业】1. "大学生创业"／2. "大学生村官儿"／
3. 就職難の現実

第9課　办工厂 ●*49*
【汽车产业】　1. "汽车产业" ／ 2. "东风日产" ／
3. "北京国际车展"

第10課　跳槽 ●*55*
【中国的企业】　1. "国营企业" ／ 2. "民营企业" ／
3. "外资企业" ／ 4. 中国における"日本企业"の社会貢献活動

第11課　阿强的新助手 ●*61*
【中国の学校制度】　概説（1940年代～90年代）
1. "文化大革命时期"（1966～1976年）／ 2. "工农兵大学生" ／
3. "知识青年上山下乡运动" ／ 4. "高考制度恢复"

第12課　阿强的烦恼 ●*67*
【留守儿童】　1. "留守儿童" ／ 2. "农民工子弟学校" ／
3. 農村における"义务教育"の普及

第13課　阿强的牵挂 ●*73*
【孝道】　1. "孝道" ／ 2.《二十四孝》／ 3. 現代社会の孝行

第14課　阿娥心目中的阿强 ●*79*
【贫富差别】　1. "贫富差别" ／ 2. "社会主义新农村" ／
3. 交通・物流インフラ建設の誘発効果

第15課　憧憬未来 ●*85*
【春节】　1. "春节" ／ 2. "放爆竹" ／ 3. "娱乐活动"
4. "春节联欢晚会" ／ 5. "春运"

新中国成立60周年略年譜 ●*92*
あとがき ●*94*

【第 1 課】

阿强的出生
AQIANG DE CHUSHENG

【CD★02】

阿强　出生　了。
Āqiáng chūshēng le.

一　个　眼睛　大大　的，皮肤　白白　的，头发　黑黑　的，
Yí ge yǎnjing dàdà de, pífū báibái de, tóufa hēihēi de,

可爱　的　小　男孩儿　出生　了。他　的　爸爸、妈妈　很　高兴。
kě'ài de xiǎo nánháir chūshēng le. Tā de bàba、 māma hěn gāoxìng.

因为　他们　盼　他　盼得　太　久　了。
Yīnwèi tāmen pàn tā pànde tài jiǔ le.

【阿】接頭語、親しみを表す、～ちゃん、～さん。同族の同世代の長幼の順序や姓または幼名の前につける
【大大】形容詞の重ね型は生き生きとした描写性をもつ。
【头发】髪の毛
【高兴】嬉しい
【因为……所以】～なので、～だから
　①因为大家都有手机，所以我也买了一个。
　　Yīnwèi dàjiā dōu yǒu shǒujī, suǒyǐ wǒ yě mǎile yí ge.
　②因为她的性格很好，所以大家都很喜欢她。
　　Yīnwèi tā de xìnggé hěn hǎo, suǒyǐ dàjiā dōu hěn xǐhuan tā.
【盼】待ち望む
【得】（動詞や形容詞の後に用い）結果・程度を表す様態補語を導く
　①我睡得很早，起得也很早。Wǒ shuìde hěn zǎo, qǐde yě hěn zǎo.
　②他看书看得不快。Tā kàn shū kànde bú kuài.

阿强 有 两个 姐姐，一个 哥哥。大姐 比 他 大 12
Āqiáng yǒu liǎng ge jiějie, yí ge gēge. Dàjiě bǐ tā dà shí'èr

岁，二姐 比 他 大 7 岁，哥哥 比 他 大 4 岁。
suì, èrjiě bǐ tā dà qī suì, gēge bǐ tā dà sì suì.

1975 年 阿强 的 妈妈 怀 阿强 的 时候，中国 已经
Yījiǔqīwǔ nián Āqiáng de māma huái Āqiáng de shíhou, Zhōngguó yǐjīng

开始 实行 计划 生育 政策 了。村里 的 干部 听说了 这
kāishǐ shíxíng jìhuà shēngyù zhèngcè le. Cūnli de gànbù tīngshuōle zhè

件 事 以后，天天 去 他 家里 向 他 的 爸爸、妈妈 宣传
jiàn shì yǐhòu, tiāntiān qù tā jiāli xiàng tā de bàba、māma xuānchuán

计划 生育 的 好处，希望 他们 能够 理解 没有 节制 的
jìhuà shēngyù de hǎochu, xīwàng tāmen nénggòu lǐjiě méiyou jiézhì de

生育 会 给 资源、能源、国家 的 经济 建设 和 个人 的
shēngyù huì gěi zīyuán、néngyuán、guójiā de jīngjì jiànshè hé gèrén de

家庭 生活 带来 影响。
jiātíng shēnghuó dàilái yǐngxiǎng.

【比】より（否定文では"没有"を使う）
　①她比以前漂亮了。Tā bǐ yǐqián piàoliang le.
　②以前的生活没有现在好。Yǐqián de shēnghuó méiyou xiànzài hǎo.
【怀】妊娠する、身ごもる
【计划生育】計画出産
【听说】～と聞いている、耳にする
【件】（量詞）事柄などに使う
【向】～に向かって、～へ、～に
【好处】有利な点
【能够】できる
【节制】制限する
【会】（可能性）～するであろう、起こりうる
　①小王会来（的）。Xiǎowáng huì lái (de).

可是阿强的爸爸、妈妈还是觉得儿孙满堂好，这个传统观念在他们的头脑里十分强烈。他们没有听村干部的话，一定要生下这个孩子。所以，阿强的出生是一件很不容易的事。

阿强会是一个什么样的孩子呢？

Kěshì Āqiáng de bàba、māma háishi juéde érsūn mǎntáng hǎo, zhège chuántǒng guānniàn zài tāmen de tóunǎo li shífēn qiángliè. Tāmen méiyou tīng cūngànbù de huà, yídìng yào shēngxia zhège háizi. Suǒyǐ, Āqiáng de chūshēng shì yí jiàn hěn bù róngyì de shì.

Āqiáng huì shì yí ge shénmeyàng de háizi ne?

---

②明天不会下雨。Míngtiān bú huì xià yǔ.

【能源】エネルギー

【带来】もたらす

【还是】やはり、相変わらず
　例）他今年七十岁了，身体还是那么好。
　　　Tā jīnnián qīshi suì le, shēntǐ háishi nàme hǎo.

【觉得】感じる、〜と思う、〜のような気がする

【儿孙满堂】子孫が多いこと

【头脑】頭

【听话】言うことを聞く

【一定要】必ず、きっと
　例）我一定要学好汉语。Wǒ yídìng yào xuéhǎo Hànyǔ.

【生下】生む

Lesson 01 人口と計画出産

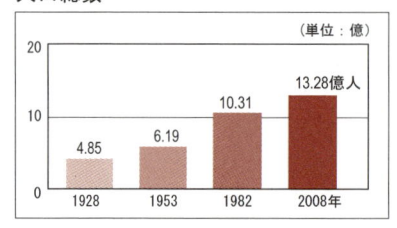

人口総数
（単位：億）
- 1928: 4.85
- 1953: 6.19
- 1982: 10.31
- 2008年: 13.28億人

1. 中国の人口が増え続ける原因

● 医療技術の発達と生活レベルの向上が人々の寿命を伸ばしました。1949年解放前までの中国人の"平均寿命"píngjūn shòumìngは35歳でしたが、現在は72歳にまで伸びています。

● 中国人には"养儿防老"yǎng ér fáng lǎo（子供を育て老後にそなえる）"儿孙满堂"érsūn mǎntáng（子孫がたくさんいれば幸せ）という伝統的な概念があります。そこで70年代末までに一般の家庭においては子供は4、5人から7、8人いることはごく普通のことでした。1962年以来中国の人口の自然成長率は2.5％以上でした。

2. 人口抑制対策

● 1950年代から中国政府はすでに人口急増が国と家庭に多くの困難をもたらすことになるであろうと認識していました。

● 1955年中国政府は"节制生育"jiézhì shēngyù（出産を抑制する）政策を打ち出しました。

● 1957年7月北京大学学長の馬寅初が人民日報に"新人口论"xīn rénkǒulùnを発表し、人口を抑制することを主張しました。

● 1962年政府は「本格的な計画出産に関する提言」を発表しました。

● 1978年、政府は"独生子女政策"dúshēng zǐnǚ zhèngcèを発表せざるを得なくなりました。

3.「一人っ子政策」の実施による新しい問題

● "小皇帝"xiǎohuángdìの形成
"独生子女"は家庭の中心になり、祖父母や両親の寵愛を受けながら育ちます。結果、彼らは自己中心的になり、生活能力が無く、人と協力することが出来ない人間になってしまいます。

第 01 課 人口と計画出産

1. 中国の人口が増え続ける原因
2. 人口抑制対策
3.「一人っ子政策」の実施による新しい問題

● "4−2−1 现象" sì-èr-yī xiànxiàng
中国の伝統的な家庭構造は"四世同堂"sìshì tóngtáng（4世代同居）"三世同堂"sānshì tóngtáng（3世代同居）です。祖父母は子供夫婦や孫と同居し家事を手伝い、孫の面倒を見ることに幸せを感じていました。最晩年になると、子供夫婦に介護され見送られる、これが理想的な家庭像でした。しかし現在の一般的な家庭は、四人の親、二人の夫婦、一人の子供という4−2−1構造です。これは若い夫婦にとって大変な負担となっています。

● "人口老龄化" rénkǒu lǎolínghuà
2007年、60歳以上の老人の人口は1.53億人に達し、全人口の11.6％を占めることになります。これはヨーロッパにおける60歳以上の老年人口の総数に相当します。予測では、2020年に老人人口は2.4億人になり、2050年の老人の人口は4億人を超えることになります。中国はすでに世界で老齢化が最も進んでいる国となっています。

政府はすでに"全国老龄工作委员会" Quánguó lǎolíng gōngzuò wěiyuánhuì を設立し、初歩的な養老保険制度を確立しました。地域では老人を預かるデイケアサービスや趣味を楽しめる老人クラブが設立され、老人の生活を豊かにしています。

计划生育海报

練習問題

【1】次の会話を聞いて（ ）に二字の語句を書き入れなさい。【CD★03】

王先生：你出生的时候什么样？
张小姐：我妈妈说我出生的时候，（　　　　）很大。
王先生：（　　　　）白不白？头发怎么样？
张小姐：皮肤不太白，头发很黑，（　　　　）？
王先生：我妈妈说我出生的时候，眼睛不太大。
张小姐：皮肤怎么样？头发呢？
王先生：头发（　　　　），皮肤（　　　　）。

【2】日本語の意味に従って次の語句を並べ替えなさい。

1) 比　热　今天　昨天
　（今日は昨日より暑い）

　_____

2) 吃饺子　我　多　得　吃　很
　（私は餃子をたくさん食べる）

　_____

【3】次の中国語を日本語に訳しなさい。

　　阿强是一个眼睛大大的、皮肤白白的、头发黑黑的非常可爱的小男孩儿。他出生的时候，他的爸爸、妈妈很高兴。因为他们盼他盼得太久了。

　_____

　_____

　_____

　_____

【第2課】

阿强的童年
AQIANG DE TONGNIAN

【CD★04】

80 年代 初期， 中国 农村 的 经济 体制 还 处在
Bāshí niándài chūqī, Zhōngguó nóngcūn de jīngjì tǐzhì hái chǔzài
人民 公社 集体 经济 的 阶段。农民 不 能 按照 自己 的
rénmín gōngshè jítǐ jīngjì de jiēduàn. Nóngmín bù néng ànzhào zìjǐ de
意愿 种植 自己 想 种植 的 农作物。他们 辛勤 劳作
yìyuàn zhòngzhí zìjǐ xiǎng zhòngzhí de nóngzuòwù. Tāmen xīnqín láozuò
得到 的 只是 生产队 配给 的 一些 口粮，他们 的 收入
dédào de zhǐ shì shēngchǎnduì pèijǐ de yìxiē kǒuliáng, tāmen de shōurù
仅 够 买 一些 油盐酱醋 等 日常 生活 用品。
jǐn gòu mǎi yìxiē yóu yán jiàng cù děng rìcháng shēnghuó yòngpǐn.

【处在】（ある状態に）ある、置かれる
【集体经济】生産手段の集団所有と労働協力を基礎とする経済形態
【能】できる、可能である
　　①我能跟你们一起去上海吗？ Wǒ néng gēn nǐmen yìqǐ qù Shànghǎi ma?
　　②不能买太便宜的东西，便宜的东西不好。
　　　Bù néng mǎi tài piányi de dōngxi, piányi de dōngxi bù hǎo.
【按照】～に照らして、～によって
　　例）按照自己的想法（考え方）做吧。Ànzhào zìjǐ de xiǎngfǎ zuò ba.
【种植】栽培する
【得到】得る、手に入れる
【生产队】人民公社の生産組織、生産隊
【口粮】各人が必要とする食糧
【仅】わずかに
【够】足りる
【油盐酱醋】yóu yán jiàng cù 油、塩などの生活必需品。よく"开门七件事，柴米油盐酱醋茶"kāimén qī jiàn shì, chái mǐ yóu yán jiàng cù chá などと言う。

阿强 的 家乡 在 四川 的 山区。那里 人 多 地 少，
Āqiáng de jiāxiāng zài Sìchuān de shānqū. Nàli rén duō dì shǎo,
生活 十分 贫苦。阿强 小 时候 甚至 没有 玩儿过 玩具。
shēnghuó shífēn pínkǔ. Āqiáng xiǎo shíhou shènzhì méiyou wánrguo wánjù.
可是，他 很 快活。乡下 的 孩子 早早儿 地 就 帮 家里
Kěshì, tā hěn kuàihuo. Xiāngxia de háizi zǎozāor de jiù bāng jiāli
干 农活儿 了。
gàn nónghuór le.

阿强 小学 一 年级 的 时候，每天 一 放学 就 跟 几
Āqiáng xiǎoxué yī niánjí de shíhou, měitiān yí fàngxué jiù gēn jǐ
个 小孩子 一起 去 放牛。牛，在 山上 吃草，孩子们
ge xiǎoháizi yìqǐ qù fàng niú. Niú, zài shānshang chīcǎo, háizimen
一起 说笑 打闹。偶尔 听到 飞机 从 头顶 上 飞过 时，
yìqǐ shuōxiào dǎnào. Ǒu'ěr tīngdào fēijī cóng tóudǐng shang fēiguò shí,
孩子们 就 会 望着 天空，兴奋 地 大声 地 呼喊着
háizimen jiù huì wàngzhe tiānkōng, xīngfèn de dàshēng de hūhǎnzhe

【家乡】ふるさと
【甚至】〜さえ、〜すら
　　例）这样简单的事甚至三岁的孩子都知道。
　　　　Zhèyàng jiǎndān de shì shènzhì sān suì de háizi dōu zhīdao.
【……过】「動詞＋"过"」〜したこと（経験）がある
　　①我吃过北京烤鸭，很好吃。Wǒ chīguo Běijīng kǎoyā, hěn hǎochī.
　　②我没学过太极拳。Wǒ méi xuéguo tàijíquán.
【乡下】いなか
【帮】助ける、手伝う
【干农活儿】畑仕事をする

"大飞机，大飞机"，直到飞机向远方飞去。夏天，他们
"dàfēijī, dàfēijī", zhídào fēijī xiàng yuǎnfāng fēiqù. Xiàtiān, tāmen

还在果树林里捉迷藏，太阳落山的时候，孩子们才
hái zài guǒshùlín li zhuō mícáng, tàiyáng luò shān de shíhou, háizimen cái

余兴未消地回家去。
yúxìng wèi xiāo de huí jiā qù.

　　阿强也喜欢学习，他是个上进的孩子，老师
　　Āqiáng yě xǐhuan xuéxí, tā shì ge shàngjìn de háizi, lǎoshī

常常表扬他。阿强的童年是快乐的。
chángcháng biǎoyáng tā. Āqiáng de tóngnián shì kuàilè de.

【一……就……】～すると（すぐ）～する
　①我一看见他就想笑。Wǒ yí kànjian tā jiù xiǎng xiào.
　②王先生一喝酒，话就多。Wáng xiānsheng yì hē jiǔ, huà jiù duō.
【望】眺める、見渡す
【直到】（ある時点またはある状態・程度に）なる
　例）这事直到今天我才知道。Zhè shì zhídào jīntiān wǒ cái zhīdao.
【捉迷藏】隠れんぼうをする
【余兴未消】名残惜しい
【常常】いつも、つねに
　例）她常常来我家。Tā chángcháng lái wǒ jiā.

"人民公社" rénmín gōngshè

1. "人民公社" rénmín gōngshè（人民公社）
● 1958年から中国の農村で実施された政治や経済、さらに文化、軍事までをも含んだ農業集団機構。財産は公社管理委員会・生産大隊・生産隊の三つの所有に分けられ、農作業は生産隊ごとに共同で行われたことに大きな特徴がありました。

「人民公社」宣伝画

2. 人民公社の必然性
● 1950年代初頭、中国の農村では各農家ごとに農作業を行っていました。土地が分散し、資金が少なく、農具が遅れていたため農業生産の効率が大変悪かったのです。生産力を高め、農業の近代化を実現させるためには大規模な集団農業にすることが必要でした。
● 1958年8月、中央政府は「農村で人民公社を設立する決議」を発表しました。同年の12月ごろにはチベットを除く、99.1％の農家が入社しました。

人民公社組織率

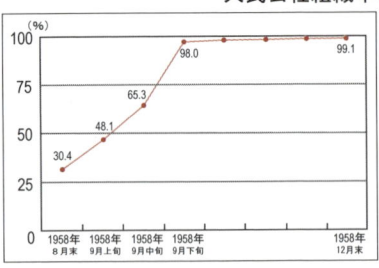

〈天児慧「中華人民共和国史」岩波新書〉より

3. 人民公社の業績
● 大規模な水利灌漑工事を行うことにより、災害時の対応能力が上がりました。また品種改良や機械化が進むなど、大きな業績をあげました。

人民公社
rénmín gōngshè

第 02 課

1. "人民公社" rénmín gōngshè（人民公社）
2. 人民公社の必然性
3. 人民公社の業績
4. 人民公社の問題点
5. 人民公社の解体

4. 人民公社の問題点
● 人民公社の絶対的平等主義は農民の働く意欲を減退させ、農業生産力が低下し、労働力、財産、物質などの浪費が見られました。「ただで食事をする」公共食堂ができて、2、3ヶ月すると食糧、油、野菜、豚肉の供給不足が全国各地で起こりました。地方によっては餓死者も出ました。

5. 人民公社の解体
● 1978年、個々の農家の生産意欲を刺激するために"生产责任制" shēngchǎn zérènzhì（請負耕作制）が実施されました。1982年には、新しい憲法が発布され、人民公社は解体しました。

人民公社大食堂

"毛泽东" Máo Zédōng 毛沢東【もうたくとう】：1893年12月26日、湖南省に生まれる。中華人民共和国の政治家、軍事家、思想家。中国共産党の創立党員の1人。中国革命の指導者で、中華人民共和国の建国の父とされている。1949年の建国以来、1976年に死去するまで、中国の最高権力者の地位にあった。

　近代世界史において大きな業績を遺した人物とみなされており、タイム誌の「20世紀の重要人物（Time 100: The Most Important People of the Century）」の1人に名を連ねている。

練習問題

【1】次の会話を聞き、（　）に一字の単語を書き入れなさい。【CD★05】

王先生：你去（　　　）乡下吗?
张小姐：去过。去过（　　　）次。
王先生：你（　　　）去四川的山区看看吗?
张小姐：有时间的时候我想去。
王先生：我（　　　）想去，我们一起去吧。

【2】日本語の意味に従って次の語句を並べ替えなさい。

1) 饺子　两天　他　能吃　很多　包了
　（彼は餃子をたくさん作り、二日分にもなる）

　_____

2) 就　学习　一　父母　孩子　高兴　看
　（親は子供が勉強するのを見ると、すぐ嬉しくなる）

　_____

【3】次の中国語を日本語に訳しなさい。

　　阿强小学一年级的时候，每天一放学就跟几个小孩子一起去放牛。夏天，他们还在果树林里捉迷藏，太阳落山的时候，孩子们才余兴未消地回家去。

　_____
　_____
　_____
　_____

[第 3 课]

阿强学艺 03
AQIANG XUE YI

【CD★06】

改革 开放 前，农民 的 生活 非常 贫苦，几乎 所有
Gǎigé kāifàng qián, nóngmín de shēnghuó fēicháng pínkǔ, jīhū suǒyǒu
的 家庭 都 没有 余钱 剩米，好多 学生 就 连 一 个 学期
de jiātíng dōu méiyou yúqián shèngmǐ, hǎoduō xuésheng jiù lián yí ge xuéqī
二十 块 钱 的 学费 都 交不起。这样 的 日子 谁 会 愿意
èrshi kuài qián de xuéfèi dōu jiāobuqǐ. Zhèyàng de rìzi shéi huì yuànyi
过 呢？所以，乡下 孩子 最大 的 愿望 就 是 离开 乡下，
guò ne? Suǒyǐ, xiāngxia háizi zuì dà de yuànwàng jiù shì líkāi xiāngxia,
到 城里 去 实现 自己 的 梦想。
dào chénglǐ qù shíxiàn zìjǐ de mèngxiǎng.

1978 年，中国 开始 实行了 经济 改革，城市 大 规模
Yījiǔqībā nián, Zhōngguó kāishǐ shíxíngle jīngjì gǎigé, chéngshì dà guīmó

【几乎】ほとんど
【所有】すべての、あらゆる
　①所有的问题都解决了。Suǒyǒu de wèntí dōu jiějué le.
　②所有的人都想得到幸福。Suǒyǒu de rén dōu xiǎng dédào xìngfú.
【好多】たくさん（の）
【连〜都】〜さえも、〜までも
　①她连方便面都不会做。Tā lián fāngbiànmiàn dōu bú huì zuò.
　②他家连电视都没有。Tā jiā lián diànshì dōu méiyou.
【谁〜呢】反語に用いる
　①谁愿意失败呢？ Shéi yuànyi shībài ne?
　②谁知道你的好心呢？ Shéi zhīdao nǐ de hǎoxīn ne?
【城里】市内

阿强的故事

的建设需要大批劳动力，农民开始去城里打工了，
de jiànshè xūyào dàpī láodònglì, nóngmín kāishǐ qù chéngli dǎgōng le,
阿强也想去。
Āqiáng yě xiǎng qù.

　　有一天，阿强听朋友说县里的技术学校开办了
　　Yǒu yì tiān, Āqiáng tīng péngyou shuō xiànli de jìshù xuéxiào kāibànle
一个缝纫学习班。这个学习班是和上海的一家
yí ge féngrèn xuéxíbān. Zhège xuéxíbān shì hé Shànghǎi de yì jiā
工厂合办的，3个月后成绩优秀的人可以去
gōngchǎng hébàn de, sān ge yuè hòu chéngjì yōuxiù de rén kěyǐ qù
上海工作。阿强动心了，他向往大城市，想到
Shànghǎi gōngzuò. Āqiáng dòngxīn le, tā xiàngwǎng dà chéngshì, xiǎng dào
城里去赚更多的钱。他跟家里人说了自己的
chéngli qù zhuàn gèng duō de qián. Tā gēn jiālǐrén shuōle zìjǐ de
想法，父母亲很支持他，亲戚们一起为他凑了400块
xiǎngfǎ, fùmǔqīn hěn zhīchí tā, qīnqimen yìqǐ wèi tā còule sìbǎi kuài
钱的学费。阿强开始学习做衣服了，这成了他
qián de xuéfèi. Āqiáng kāishǐ xuéxí zuò yīfu le, zhè chéngle tā

【大批】大量の、多くの
【县】行政単位のひとつ、省・自治区・市の下に位置する
【开办】開設する、開く
【缝纫】裁縫
【向往】あこがれる
【赚钱】金を儲ける
【凑】金を出し合う
【成】～になる
【转折】転換する

人生 的 一 个 转折, 尽管 当时 他 还 没有 意识到 这
rénshēng de yí ge zhuǎnzhé, jǐnguǎn dāngshí tā hái méiyou yìshídào zhè
一 点。
yì diǎn.

那 年, 阿强 十八 岁, 高中 刚 毕业。
Nà nián, Āqiáng shíbā suì, gāozhōng gāng bìyè.

【尽管……但是、可是】～にもかかわらず
①尽管这个电脑已经很旧了,但是还能用。
　Jǐnguǎn zhège diànnǎo yǐjīng hěn jiù le, dànshì hái néng yòng.
②尽管那时的生活很简单,但是他们都很快乐。
　Jǐnguǎn nàshí de shēnghuó hěn jiǎndān, dànshì tāmen dōu hěn kuàilè.
【刚】～したばかりである。"刚刚"は"刚"より語気が強い
①他刚出去,你找他有什么事? Tā gāng chūqu, nǐ zhǎo tā yǒu shénme shì?
②王小姐刚刚开始工作,还有点儿不习惯。
　Wáng xiǎojie gānggāng kāishǐ gōngzuò, hái yǒudiǎnr bù xíguàn.

Lesson 03

"改革开放"
gǎigé kāifàng

1. "改革开放" gǎigé kāifàng

中国の"邓小平"Dèng Xiǎopíng の指導体制のもとで、1978年12月に開催された中国共産党第十一期中央委員会第三回全体会議で提出、その後開始された中国国内体制の改革及び対外開放政策のことです。

改革开放的总设计师

改革解放后城市的变化

2. 改革開放の経緯

"文化大革命"wénhuà dàgémìng は中国社会に大変な悪影響をもたらしました。生産力は伸びず、人々の衣食問題も解決できないまま、科学技術や教育などの面においても大変遅れてしまいました。このような状態から脱出するため、国は改革開放を行わなければなりませんでした。

農村部では生産責任制、すなわち経営自主権を保障し、農民の生産意欲向上を目指しました。都市部では外資導入が奨励されるようになりました。沿海部諸都市に"经济开发区"jīngjì kāifāqū が設置され、経済体制の改革が進められました。

3. 改革開放30年の成果

改革が始まり30年の間、都市部住民の所得は6.5倍にまで上がり、衣食不足からややゆとりのある"小康"xiǎokāng という歴史的な飛躍を遂げました。農村部の貧困人口は2億5千万から1479万人まで減少しました。国家統計局の報告では、2007年の輸出貿易総額はドイツに次いで世界第二位になり、外貨準備高は世界一になっています。今や中国は「世界の工場」と呼ばれるまでに成長し、生産

改革开放
gǎigé kāifàng

第 03 課

1. "改革开放" gǎigé kāifàng
2. 改革開放の経緯
3. 改革開放 30 年の成果
4. 改革開放の問題点
5. "农民工" nóngmíngōng
6. "新生代农民工"
    xīnshēngdài nóngmíngōng
7. "招工难" zhāogōngnán
8. 賃上げと外資企業

大国になっています。今後は「世界の消費市場」としても熱い視線を注がれています。

4. 改革開放の問題点

農村部と都市部、内陸部と沿海部における経済格差が拡大し、官僚の"贪污腐败"tānwū fǔbài(汚職や腐敗)が深刻なものになり、インフレや失業も目立つようになりました。

5. "农民工" nóngmíngōng

高い賃金を求めて都会へ出稼ぎに来ている農民のことです。農民工は主に建築業、採鉱業、労働密集型産業に従事しています。2億1千万の農民工は中国の高度成長を支えています。

6. "新生代农民工"
xīnshēngdài nóngmíngōng

80 年代、90 年代に生まれ、都会へ出稼ぎに出ている農民のこと。昔の農民工と比べ、彼らは受けた教育レベル、職業に対する要求が高く、物質や精神面における享楽を求める気持ちが強く、きつい仕事に耐える精神が欠如しています。第一世代の農民工のように一生懸命働いて、稼いだお金を実家に仕送りすることも少なくなりました。

7. "招工难" zhāogōngnán

近年、農村部でも職を得る機会が増えており、農民工たちは休暇で里帰りすると都会に戻らなくなり、Uターンという社会現象が起こりました。そのため沿海部での労働力不足が一段と深刻化してしまいました。上海、広東などの大都会では最低賃金を約20%引き上げなければならなくなりました。

8. 賃上げと外資企業

中国沿海の、経済が発達した地域では、労働者不足による大幅な賃上げが相次いでいます。多くの外資系企業は内陸部への産業移転によってこの波を乗り切ろうと考えています。中国政府はこの流れを考慮に入れたうえでも、中国の労働コストは依然として世界的にも競争力があると考えており、外資系企業の投資はまだまだ続くと見ています。

工事現場

練習問題

【1】次の会話を聞き、（ ）に二字の語句を書き入れなさい。【CD★07】

王先生：乡下的孩子（　　　）去城里吗？

张小姐：（　　　）都愿意。

王先生：为什么愿意？

张小姐：（　　　）他们想去城里赚（　　　）的钱。

【2】日本語の意味に従って次の語句を並べ替えなさい。

1) 没有　连　的　看报　最近　时间　都
（最近は、新聞を読む時間さえない）
_____

2) 很难　尽管　学　我　但是　汉语　很喜欢
（中国語は難しいけど、私は中国語を学ぶのが好き）
_____

【3】次の文章を日本語に訳しなさい。

　　阿强开始学习做衣服了，这成了他人生的一个转折。尽管当时他还没有意识到这一点。那年，阿强十八岁，高中刚毕业。

_____
_____
_____
_____

【第 4 課】

大上海 04
DA SHANGHAI

【CD★08】

3 个 月 的 学习 结束 了。阿强 被 选送 去了 上海。
Sān ge yuè de xuéxí jiéshù le. Āqiáng bèi xuǎnsòng qùle Shànghǎi.

他 就 要 离开 生长了 18 年 的 家乡，去 一 个 陌生
Tā jiù yào líkāi shēngzhǎngle shíbā nián de jiāxiāng, qù yí ge mòshēng

的 世界，开始 新 生活 了。出发 前 的 那个 晚上，阿强
de shìjiè, kāishǐ xīn shēnghuó le. Chūfā qián de nàge wǎnshang, Āqiáng

失眠 了。
shīmián le.

到了 上海 阿强 觉得 有些 眼 花 缭 乱。他 没有
Dàole Shànghǎi Āqiáng juéde yǒuxiē yǎn huā liáo luàn. Tā méiyou

看过 那么 多 的 人、那么 多 的 车、那么 多 的 高楼
kànguo nàme duō de rén、nàme duō de chē、nàme duō de gāolóu

大厦，那么 多 宽广 笔直 的 街道。阿强 一下 就 喜欢
dàshà, nàme duō kuānguǎng bǐzhí de jiēdào. Āqiáng yíxià jiù xǐhuan

---

【被】～られる
　①爸爸的酒被妈妈喝了。Bàba de jiǔ bèi māma hē le.
　②我被偷了。Wǒ bèi tōu le.
【选送】選抜して推薦する
【就要……了】間もなく～する
　①学校就要放暑假了。Xuéxiào jiù yào fàng shǔjià le.
　②听说他们就要结婚了。Tīngshuō tāmen jiù yào jiéhūn le.
【陌生】よく知らない
【眼花缭乱】（目まぐるしさで）目がちらちらする
【高楼大厦】大きくて立派な建物、ビルディング
【宽广】広い
【笔直】まっすぐな

上海 了，他 喜欢 上海 的 繁华。在 阿强 的 眼里 上海
Shànghǎi le, tā xǐhuan Shànghǎi de fánhuá. Zài Āqiáng de yǎnli Shànghǎi

的 一切 都 是 美好 的。
de yíqiè dōu shì měihǎo de.

阿强 进 工厂 后 一直 为 日本 做 睡衣。每天 工作
Āqiáng jìn gōngchǎng hòu yìzhí wèi Rìběn zuò shuìyī. Měitiān gōngzuò

【繁华】にぎやかである
【在……里】～の中で
　①在准备考试的那几天里，大家都非常紧张。
　　Zài zhǔnbèi kǎoshì de nà jǐ tiān li, dàjiā dōu fēicháng jǐnzhāng.
　②在我的印象里，他是一个很努力的人。
　　Zài wǒ de yìnxiàng li, tā shì yí ge hěn nǔlì de rén.
【一直】ずっと、まっすぐ
　①他一直想去南方生活。Tā yìzhí xiǎng qù nánfāng shēnghuó.
　②一直往西走，就是车站。Yìzhí wǎng xī zǒu, jiù shì chēzhàn.
【睡衣】パジャマ
【上班】出勤する、仕事中である
【下班】退勤する

8小时，早上8点上班，晚上5点下班。工厂里
bā xiǎoshí, zǎoshang bā diǎn shàngbān, wǎnshang wǔ diǎn xiàbān. Gōngchǎng li

有宿舍，宿舍里有空调，两个人一个房间，吃饭
yǒu sùshè, sùshè li yǒu kōngtiáo, liǎng ge rén yí ge fángjiān, chīfàn

在工厂的食堂里，生活环境比在家的时候好多
zài gōngchǎng de shítáng li, shēnghuó huánjìng bǐ zài jiā de shíhou hǎoduō

了。
le.

可是，每个月2百块钱的收入，除了吃饭所剩
Kěshì, měi ge yuè èrbǎi kuài qián de shōurù, chúle chīfàn suǒshèng

无几。他想赚钱的愿望并没有实现。在上海的
wújǐ. Tā xiǎng zhuànqián de yuànwàng bìng méiyou shíxiàn. Zài Shànghǎi de

1年里，阿强还看到了城里人现代、优雅的生活，
yì nián li, Āqiáng hái kàndàole chéngli rén xiàndài、yōuyǎ de shēnghuó,

感到了城乡间的巨大差别。阿强困惑了。
gǎndàole chéngxiāng jiān de jùdà chābié. Āqiáng kùnhuò le.

【除了……】〜を除いて、〜するほか
①除了汉族以外，中国还有55个少数民族。
　　Chúle Hànzú yǐwài, Zhōngguó hái yǒu wǔshiwǔ ge shǎoshù mínzú.
②除了工作以外，你喜欢做什么？
　　Chúle gōngzuò yǐwài, nǐ xǐhuan zuò shénme?
【所剩无几】余すところいくばくもない
【"并"＋否定】一般の予想や想定と実際の状況が異なることを強調する
①他说他懂了，其实他并没懂。
　　Tā shuō tā dǒng le, qíshí tā bìng méi dǒng.
②她并不聪明，但是非常努力。
　　Tā bìng bù cōngming, dànshì fēicháng nǔlì.

Lesson 04

"上海租界" Shànghǎi zūjiè

1. "上海租界" Shànghǎi zūjiè（上海租界）

● 上海租界は清国政府が外国人に提供した居住地で、後に租界と呼ばれるようになりました。租界では行政自治権と治外法権が認められていました。

● 1842年、アヘン戦争で清国が敗れるとイギリスは南京条約で上海を租界として借り上げました。その後アメリカ、フランス、ドイツ、イタリア、日本などもそれぞれ上海に利権を持つようになりました。ロシア革命後、白系ロシア人も上海に多く流入しました。

● 1865年香港上海銀行が設立されたことをきっかけに、欧米の金融機関も続々と進出し始め、上海はアジア金融の中心となりました。商社なども増えていきました。金融業、商業、不動産業、サービス業が発達し、上海には高層ビル群が築き上げられました。

● 娯楽も豊富に用意され、観光客をひきつける魅力がありました。当時、ビザが不要だったため、昭和初期の関西や東京の女学校では上海への修学旅行が流行しました。

● 上海は西洋の文化を受け入れながら、1920年代～30年代に最盛期を迎えました。1949年以降、中国共産党が上海を管理するようになり、100年余りの租界の歴史が終わりました。

1920年上海

上海共同租界旗

2. "外滩" Wàitān（バンド）

租界時代の上海の中心地で、ここには当時の建築物が数多く残っています。"黄浦江" Huángpǔjiāng 対岸には、上海でも最も急速に発展しつつあ

上海租界 Shànghǎi zūjiè 第 04 課

1. "上海租界" Shànghǎi zūjiè（上海租界）
2. "外滩" Wàitān（バンド）
3. "南京路" Nánjīnglù
4. "世博会" shìbóhuì（万国博览会）

る"浦东新区" Pǔdōng xīnqū の中心である"陆家嘴金融" Lùjiāzuǐ jīnróng の貿易開発区の高層ビル群と上海のシンボル的な存在である"东方明珠塔" Dōngfāng míngzhūtǎ が望めます。

"黄浦江"はさまざまな船が忙しく行き交い、時折聞こえる汽笛が雰囲気をかきたててくれます。夜はライトアップされ、1世紀近く前の建築物が幻想的に浮かび上がります。古い上海と新しい上海が一ヶ所に凝縮された"外滩"は上海の観光スポットと言えるでしょう。

3. "南京路" Nánjīnglù

上海で最も古い繁華街です。世界最長のショッピングモールで、およそ6キロにもわたります。一日100万人もの人が訪れるといいます。1999年から歩行者天国になりました。"南京路"は東路と西路に分けられます。東路は特に商業の発達した地域になっています。有名な"和平饭店" Hépíng fàndiàn があり、ヨーロッパ式のカフェやレストランが並んでいます。西路には高級ショップやオフィスビルが林立しています。

浦东

南京路

4. "世博会" shìbóhuì（**万国博览会**）

2010年5月1日～10月31日に中国初の万国博覧会が上海で開催されました。投資総額は約30億ドル、万博史上最大の規模です。テーマは"城市,让生活更美好" Chéngshì, ràng shēnghuó gèng měihǎo「より良い都市、より良い生活」でした。

練習問題

【1】次の会話を聞き、（　）に二字の単語を書き入れなさい。【CD★09】

王先生：上海是一个什么样的（　　　）？
张小姐：有很多高楼大厦，很繁华。
王先生：阿强到了上海以后做什么（　　　）？
张小姐：为日本做（　　　）。
王先生：每个月的（　　　）是多少？
张小姐：二百块。

【2】日本語の意味になるように、漢字で書き入れなさい。

1) 彼女の目には私はヒーローです。
　　在她的　____　____　____　____。
　　①我　②英雄（yīngxióng）　③眼里　④是

2) 私は英語のほかに中国語も習います。
　　我除了　____　____　____　____　汉语。
　　①英语　②还　③以外　④学

【3】次の文章を日本語に訳しなさい。

　　阿强被选送去了上海。他就要离开生长了18年的家乡，去一个陌生的世界，开始新生活了。出发前的那个晚上，阿强失眠了。

_____

_____

_____

_____

【第 5 課】

东莞
DONGGUAN 05

【CD★10】

阿强 还是 离开了 他 喜爱 的 上海，尽管 他 是 那么
Āqiáng háishi líkāile tā xǐ'ài de Shànghǎi, jǐnguǎn tā shì nàme
不 愿意 离开，因为 他 听说 东莞 市 的 工资 比 上海
bú yuànyi líkāi, yīnwèi tā tīngshuō Dōngguǎn shì de gōngzī bǐ Shànghǎi
高。可是 来到 东莞 后，好 长 时间 都 没有 找到
gāo. Kěshì láidào Dōngguǎn hòu, hǎo cháng shíjiān dōu méiyou zhǎodào
工作。他 开始 有些 犹豫、迷茫。他 想过 改行，想过
gōngzuò. Tā kāishǐ yǒuxiē yóuyù、mímáng. Tā xiǎngguo gǎiháng, xiǎngguo
学厨、学 调酒、做 饭店 的 服务生 等等。他 不能 长
xuéchú、xué tiáojiǔ、zuò fàndiàn de fúwùshēng děngděng. Tā bù néng cháng
时间 地 不 工作，不能 每天 只 花 钱 而 不 挣 钱。
shíjiān de bù gōngzuò, bù néng měitiān zhǐ huā qián ér bú zhèng qián.

【工资】給料
【找到】見つける
【犹豫】ためらう、躊躇する
【迷茫】困惑する、当惑する
【改行】転業する、仕事をかえる
【学厨】調理を学ぶ
【调酒】お酒を調合する
【只】ただ、～だけ、～しかない
　例）我只学过英语。Wǒ zhǐ xuéguo Yīngyǔ.
【花钱】お金を使う
【挣钱】お金を稼ぐ

阿强 去了 建筑 工地。在 工地 每天 搬 砖头，和
Āqiáng qùle jiànzhù gōngdì. Zài gōngdì měitiān bān zhuāntóu, huò
水泥。一 天 工作 8 小时，工资 20 块 钱。阿强 觉得
shuǐní. Yì tiān gōngzuò bā xiǎoshí, gōngzī èrshi kuài qián. Āqiáng juéde
这样 不 是 长久 之 计，他 还是 想 搞 服装。
zhèyàng bú shì chángjiǔ zhī jì, tā háishi xiǎng gǎo fúzhuāng.

【搬砖头】レンガを運ぶ
【和水泥】コンクリートを混ぜる
【搞】やる、する、つくる、従事する
【凌晨】早朝
【老板】経営者、（個人経営の）店の主人
【拿到】手に入れる
【而且】しかも
【屋顶】屋根
【睡不着觉】寝付けない、眠れない

半年后他找到了一家服装工厂。那个工厂
Bàn nián hòu tā zhǎodàole yì jiā fúzhuāng gōngchǎng. Nàge gōngchǎng
每天 晚上 做 衣服，因为 次日 凌晨 老板 就 要 把
měitiān wǎnshang zuò yīfu, yīnwèi cìrì língchén lǎobǎn jiù yào bǎ
工人 做好 的 衣服 拿到 市场 去 卖。这个 工厂 的
gōngrén zuòhǎo de yīfu nádào shìchǎng qù mài. Zhège gōngchǎng de
住宿 条件 比 上海 差多了。一 个 房间 里 住 4 个 人，
zhùsù tiáojiàn bǐ Shànghǎi chàduō le. Yí ge fángjiān li zhù sì ge rén,
没有 空调，而且 屋顶 很 矮，夏天 热得 睡不着 觉。可是
méiyou kōngtiáo, érqiě wūdǐng hěn ǎi, xiàtiān rède shuìbuzháo jiào. Kěshì
他 每 个 月 可以 拿到 600 块 钱 的 工资，他 很 满足。
tā měi ge yuè kěyǐ nádào liùbǎi kuài qián de gōngzī, tā hěn mǎnzú.
阿强 没有 因为 收入 增加 了 而 乱 花 1 分 钱，他
Āqiáng méiyou yīnwèi shōurù zēngjiā le ér luàn huā yì fēn qián, tā
还是 非常 节俭，他 把 大 部分 的 钱 都 寄给了 家里。
háishi fēicháng jiéjiǎn, tā bǎ dà bùfen de qián dōu jìgěile jiāli.
他 寄去 的 钱 为 家里 买了 种子、化肥 和 农具，帮了
Tā jìqu de qián wèi jiāli mǎile zhǒngzi、huàféi hé nóngjù, bāngle
家里 的 大 忙。
jiāli de dà máng.

【因为……而……】〜なので〜
　　例）她常常因为担心（心配する）而睡不着觉。
　　　　Tā chángcháng yīnwèi dānxīn ér shuìbuzháo jiào.
【乱】むやみに、やたらに
　　例）不要乱说，她会不高兴的。Búyào luàn shuō, tā huì bù gāoxìng de.
【节俭】節約
【寄】郵送する、送る
【种子】種

"广东 省"
Guǎngdōng shěng

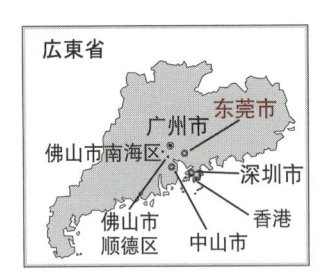

1. "东莞" Dōngguǎn の概況

東莞は広州から東へ56km、香港から北へ約100kmの所に位置します。広東省の「四つのミニドラゴン（東莞、中山、順徳、南海）」のひとつです。1839年、"林则徐" Lín Zéxú がアヘンを2万箱余り処分し"鸦片战争" yāpiàn zhànzhēng（アヘン戦争）の引き金となった場所が現市内の虎門で、現在虎門砲台遺跡と"销烟池" Xiāoyānchí は観光名所となっています。東莞は85年に経済開放区に指定されました。

林則徐雕像

2. 経済発展

近代以前、香港はこの東莞地区に属していたため香港市民の先祖をたどれば10人に1人の割合で東莞籍と言われています。このような経緯から、改革開放初期より香港企業等が東莞の郷鎮企業（農村部の企業）へ委託生産、合併などの形で衣料、雑貨、電気電子等に活発に投資しました。香港との交通も次第に改善され、内陸等からの出稼ぎ労働者の活用も進み、90年代後半から急激な経済発展を遂げました。

香港、日本等のAV器機部品メーカーに加え、90年代後半には台湾を主とするパソコン部品メーカーの東莞への進出も加速し、PC関連品の世界的生産拠点となりました。2000年末には台湾系だけで2万8000社が関連産業に従事しています。欧州の携帯電話メーカーもここでの生産を拡大しつつあります。

3. 広東省

広東省は中国大陸の最も南に位置しています。人口は9544万人。基幹産業としては家電、プラスチック製品、食品、アパレル、紡績、電子などが挙げられます。2008年のGDPは3万5696億元を突破し、中国大陸では一番経済力のある省です。

广东省
Guǎngdōng shěng　第 05 課

1. "东莞" Dōngguǎn の概況
2. 経済発展
3. 広東省
4. "华侨" huáqiáo（華僑）
5. "深圳" Shēnzhèn【しんせん】
6. "深圳速度" Shēnzhèn sùdù

4. "华侨" huáqiáo（華僑）

　広東省出身の華僑は2000万人を超え、100以上の国や地域に分布しています。華僑は自分の出身故郷へ積極的に投資し、ビジネス活動を行うため同省の経済振興に大きく寄与しています。華僑資本の影響力は非常に大きいのです。

　1979年、"邓小平" Dèng Xiǎopíng が設置を決めた四つの"经济特区" jīngjì tèqū のうち三つを広東省内に設ける決断を下したのも、華僑資本の導入と香港、マカオ、台湾との交流の便を考えたからです。

5. "深圳" Shēnzhèn【しんせん】

　1980年に設立された中国で初めての経済特区です。経済改革前は小さな一漁村だったのが、今や中国で四番目の大都市になり、世界ではロンドン、ニューヨーク、香港、シンガポールに次ぐ五番目の金融中心都市となりました。深圳は世界においても影響力のある新しい現代的な都市です。わずか30年で、深圳は都市化、工業化、現代化を実現させました。

6. "深圳速度" Shēnzhèn sùdù

　82年～85年、"深圳国际贸易中心大厦"が建築された時、「3日で1階を建てる」という驚異的なスピードで工事が進められました。これは当時の中国では想像を絶することで、メディアではよく"深圳速度"という言い方でスピードの速いことを形容しました。

30年前的深圳

国贸大厦

練習問題

【1】次の会話を聞き、（ ）に一字の単語を書き入れなさい。【CD★11】

张小姐：你的收入多吗?
王先生：以前不太多，现在很多。
张小姐：你（　　　）家里（　　　）钱吗?
王先生：我不每个月寄。你给家里寄钱吗?
张小姐：我每个月（　　　）寄。
王先生：我要（　　　）你学习。

【2】日本語の意味になるように、漢字で書き入れなさい。

1) 私は日本のビールしか飲まない。
　____ ____ ____ ____ 的 ____。
　①啤酒　②只　③我　④日本　⑤喝

2) 彼女はあなたに好印象である。
　她 ____ ____ ____ ____ ____。
　①你　②对　③印象　④挺好　⑤的

【3】次の文章を日本語に訳しなさい。

　　在东莞的时候，阿强每个月可以拿到600块钱的工资，他很满足。但是，阿强还是很节俭，他把大部分的钱都寄给了家里，帮了家里的大忙。

_____

_____

_____

_____

【第6課】阿娥的出现
A'E DE CHUXIAN 06

【CD★12】

有 一 次，阿强 病 了，高烧 3 天 不 退，厂里 的 一
Yǒu yí cì, Āqiáng bìng le, gāoshāo sān tiān bú tuì, chǎngli de yí

位 年轻 女工 一定 要 陪 他 去 医院 看病。她 还 在
wèi niánqīng nǚgōng yídìng yào péi tā qù yīyuàn kànbìng. Tā hái zài

繁忙 的 工作 之 余 帮 阿强 做饭，细心 地 照顾 他。在
fánmáng de gōngzuò zhī yú bāng Āqiáng zuòfàn, xìxīn de zhàogu tā. Zài

远离 家乡、远离 亲人 的 陌生 地方，阿强 感到了 温暖，
yuǎnlí jiāxiāng、yuǎnlí qīnrén de mòshēng dìfang, Āqiáng gǎndàole wēnnuǎn,

他 从 心里 感激 她。阿强 还 发现 她 不但 心地 善良
tā cóng xīnli gǎnjī tā. Āqiáng hái fāxiàn tā búdàn xīndì shànliáng

而且 聪明、能干，衣服 做得 又 快 又 好。她 觉得 阿强
érqiě cōngming、nénggàn, yīfu zuòde yòu kuài yòu hǎo. Tā juéde Āqiáng

---

【高烧】高熱を出す
【陪】お供をする、付き添う
【看病】診察する、治療する、診察を受ける
【照顾】気を配る、世話を焼く
【亲人】直系の親族または配偶者、身内、身寄り
【不但……而且】～だけでなく
　①他不但英语好，而且汉语也很好。Tā búdàn Yīngyǔ hǎo, érqiě Hànyǔ yě hěn hǎo.
　②她不但漂亮，而且很聪明。Tā búdàn piàoliang, érqiě hěn cōngming.
【能干】能力がある、腕がよい
【又……又……／既……又……】～でもあり、また～でもある
　①中国菜又好吃又便宜。Zhōngguócài yòu hǎochī yòu piányi.
　②她写字既快又好。Tā xiě zì jì kuài yòu hǎo.

既 勤劳 又 节俭，从来 不乱 花 钱。她 想 将来 如果 跟
jì qínláo yòu jiéjiǎn, cónglái bú luàn huā qián. Tā xiǎng jiānglái rúguǒ gēn
阿强 在 一起 生活 的 话，阿强 也 一定 是 一 个 靠得住
Āqiáng zài yìqǐ shēnghuó de huà, Āqiáng yě yídìng shì yí ge kàodezhù
的 好 男人。
de hǎo nánrén.

　　他们 开始 交往 了。每天 下班 后 他们 都 一起 去 吃
　　Tāmen kāishǐ jiāowǎng le. Měitiān xiàbān hòu tāmen dōu yìqǐ qù chī
宵夜，一起 散步，一起 聊天儿。阿强 还 每天 送 她 回
xiāoyè, yìqǐ sànbù, yìqǐ liáotiānr. Āqiáng hái měitiān sòng tā huí
宿舍。在 他们 相处 的 那些 日子 里 没有 更 多 的 浪漫，
sùshè. Zài tāmen xiāngchǔ de nàxiē rìzi li méiyou gèng duō de làngmàn,
也 没有 什么 花 前 月 下。他们 甚至 没有 一起 看过
yě méiyou shénme huā qián yuè xià. Tāmen shènzhì méiyou yìqǐ kànguo
电影。
diànyǐng.

【如果 / 要是……话】もしも、もし～ならば
　①如果有时间的话，你想干什么？
　　Rúguǒ yǒu shíjiān de huà, nǐ xiǎng gàn shénme?
　②要是你有兴趣的话，我们一起去。
　　Yàoshi nǐ yǒu xìngqù de huà, wǒmen yìqǐ qù.
【靠得住】頼りになる、信頼できる
【宵夜】夜食、北方では"夜宵"とも
【聊天】世間話をする、雑談する
【相处】付き合う
【花前月下】花の前、月の下、恋を語り合うにふさわしい場面

两个乡下孩子，是不会像城里的年轻人那样
Liǎng ge xiāngxia háizi, shì bú huì xiàng chéngli de niánqīng rén nàyàng
拿着父母的钱出入歌厅、舞厅、酒吧的，他们是不
názhe fùmǔ de qián chūrù gētīng、wǔtīng、jiǔbā de, tāmen shì bú
会那样潇洒地谈恋爱的。他们的恋爱是平淡的，
huì nàyàng xiāosǎ de tán liàn'ài de. Tāmen de liàn'ài shì píngdàn de,
真实的，也是美好的。
zhēnshí de, yě shì měihǎo de.

这位女工的名字叫阿娥。
Zhè wèi nǚgōng de míngzi jiào Ā'é.

【像……那样】〜のように（"那样"をそえる）
　①我要像她那样乐观。Wǒ yào xiàng tā nàyàng lèguān.
　②她的恋爱就像小说里写的那样浪漫。
　　Tā de liàn'ài jiù xiàng xiǎoshuō li xiě de nàyàng làngmàn.
【酒吧】バー
【潇洒】立ち居ふるまいがあか抜けている、さっぱりしている
【位】（量詞）敬意をもって、人を数える
【歌厅】飲食・遊興施設
【舞厅】ダンス・ホール

Lesson 06

"结婚"
jiéhūn

1. 婚姻と家庭

● 解放前（1949年10月1日中華人民共和国が誕生する前）、婚姻は"包办婚姻" bāobàn hūnyīn（両親が決めること）でした。結婚当日になってやっと新郎と新婦が顔を合わせるのです。二人の個人が結婚するというより、二つの家が姻戚関係を持つことになります。個人の感情と意志が重視されることのない、一種の封建的な婚姻でした。

夫の家に嫁いだら、その家の跡継ぎになる男子を産み育てることが一番重要でした。また、舅姑と夫に仕えなければなりませんでした。

● 1949年までは妻から離婚を申し出ることは禁止されていました。舅姑が嫁に、或いは夫が妻に対して不満があれば妻を離縁させますが、嫁は自分の婚姻に対していかなる不満があっても離婚を言い出すことは許されませんでした。

● 1950年、《中華人民共和国婚姻法》が発表されました。封建的な"包办婚姻"が廃止され、男女の平等、婚姻の自由が唱えられました。

2. "择偶条件" zé'ǒu tiáojiàn （配偶者を選ぶ条件）

● 80年代末まで、人々の生活レベルが比較的安定していて、貧富の差もそれほど無かったので、結婚相手を探す時には人柄や感情、性格を最も重視していました。

● 経済改革が進むと、世の中にホワイトカラーのような高収入階層が生まれ、拝金主義の風潮が現れました。若い女性たちはより良い生活を送るためにお金持ちとの結婚を望むようになりました。彼女たちは男性の経済力と社会的地位を重視するようになりました。

● 今では、結婚する段階になると男性は家を、女性は車と家具などを用意するのが一般的な慣わしになりました。それは普通の会社員にとっては大変なプレッシャーです。

3. 結婚年齢

1950年に発表された《婚姻法》では男性は20歳、女性は18歳で結婚が許されていたのですが、80年の《婚姻法》では男性は22歳、女性は20歳に変わりました。

| 结婚 jiéhūn | 第 06 課 |

1. 婚姻と家庭
2. "择偶条件" zé'ǒu tiáojiàn（配偶者を選ぶ条件）
3. 結婚年齢
4. 結婚式の費用
5. "离婚" líhūn（離婚）
6. 結婚後の女性の氏名

4. 結婚式の費用

80年代までは殆どお金がかかりませんでした。"婚礼" hūnlǐ（結婚式）の時に親戚や友人にお茶やタバコ、キャンディを配り、結婚のお祝いもたいてい枕カバーとか鍋のような実用的な生活用品でした。今は田舎でも3万元から5万元ぐらいかかり、都会ではもっとかかります。若者の初任給はわずか2千元ぐらいなのにもかかわらずです。

5. "离婚" líhūn（離婚）

建国以来60年の間、中国では離婚ブームが三回起こりました。

一回目は1953年、《婚姻法》が実施された時です。今までの封建的な"包办婚姻"を解消するものが主です。二回目は50年代から文化大革命までの間で、政治的要因（夫婦のうちどちらかが「反革命分子」などのレッテルを貼られた場合、家族のためにも離婚を選んだ）によるものです。三回目は80年代以降、市場経済が発展し、経済的な要因（拝金主義に走るあまり、家庭を顧みない人が増えた）によるものでした。

6. 結婚後の女性の氏名

1950年の婚姻法には"夫妇有各用自己姓名的权力"（夫婦それぞれに自分の姓名を使用する権利がある）という規定があります。これにより、女性は結婚しても引き続き、自分の姓を使用することになりました。それ以前は、女性は夫の姓の後に自分の姓、さらに「氏」を付けることになっていました。例：王さんが張という男性と結婚した場合、「張王氏」となります。なお、子供は夫の姓を名乗ります。

練習問題

【1】次の会話を聞き、（ ）に二字の単語を書き入れなさい。【CD★13】

张小姐：你（　　　）什么样的女孩儿？
王先生：（　　　）、能干的。
张小姐：你不喜欢（　　　）、浪漫的吗？
王先生：当然喜欢。（　　　），我更喜欢聪明、能干的。
张小姐：我就是聪明、能干的呀。

【2】日本語の意味になるように、漢字で書き入れなさい。

1) もし貴方が好きなら、差し上げますよ。
　　要是 ＿＿＿ ＿＿＿ ＿＿＿ ＿＿＿ ＿＿＿。
　　①送你　②吧　③就　④你　⑤喜欢

2) 彼女はまだ昔のようにしゃべるのが好き。
　　＿＿＿ ＿＿＿ ＿＿＿ 以前 ＿＿＿ ＿＿＿ ＿＿＿。
　　①说　②她　③像　④还　⑤喜欢　⑥那样

【3】次の文章を日本語に訳しなさい。

　　阿强和阿娥是不会像城里的年轻人那样拿着父母的钱出入歌厅、舞厅、酒吧的，他们是不会那样潇洒地谈恋爱的。他们的恋爱是平淡的、真实的、也是美好的。

＿＿＿＿＿＿＿＿＿＿＿＿＿＿＿＿＿＿＿＿＿＿＿＿＿＿＿＿

＿＿＿＿＿＿＿＿＿＿＿＿＿＿＿＿＿＿＿＿＿＿＿＿＿＿＿＿

＿＿＿＿＿＿＿＿＿＿＿＿＿＿＿＿＿＿＿＿＿＿＿＿＿＿＿＿

＿＿＿＿＿＿＿＿＿＿＿＿＿＿＿＿＿＿＿＿＿＿＿＿＿＿＿＿

【第 7 課】 长途跋涉 07
CHANGTU BASHE

【CD★14】

阿强 和 阿娥 相处了 两 年 多 的 时候，阿强 对 阿娥
Āqiáng hé Ā'é xiāngchǔle liǎng nián duō de shíhou, Āqiáng duì Ā'é
说："我 想 带 你 回 家乡 见 父母。" 阿娥 听了 非常
shuō: "Wǒ xiǎng dài nǐ huí jiāxiāng jiàn fùmǔ." Ā'é tīngle fēicháng
高兴。数日 后，他们 怀着 无比 喜悦 的 心情 出发 了。
gāoxìng. Shùrì hòu, tāmen huáizhe wúbǐ xǐyuè de xīnqíng chūfā le.
他们 从 东莞 出发 坐了 3 天 火车 到了 重庆，在
Tāmen cóng Dōngguǎn chūfā zuòle sān tiān huǒchē dàole Chóngqìng, zài
重庆 他们 换了 长途 巴士。没 想到 半路 上 轮胎 出了
Chóngqìng tāmen huànle chángtú bāshì. Méi xiǎngdào bànlù shang lúntāi chūle
故障，司机 只好 拦截了 一 辆 卡车 从 县城 买回 新
gùzhàng, sījī zhǐhǎo lánjiéle yí liàng kǎchē cóng xiànchéng mǎihuí xīn
轮胎，修好了 汽车，大家 才 又 继续 赶路。一 天 后 到了
lúntāi, xiūhǎole qìchē, dàjiā cái yòu jìxù gǎnlù. Yì tiān hòu dàole

---

【相处】付き合う
【长途跋涉】長く苦しい旅
【对……】～に向かって
　①他对我的影响很大。Tā duì wǒ de yǐngxiǎng hěn dà.
　②我对她的印象非常好。Wǒ duì tā de yìnxiàng fēicháng hǎo.
【带】連れる
【怀】(心に) 抱く、もつ
【换】換える、乗り換える
【巴士】バス
【没想到】思いも寄らなかった
　①没想到茅台酒这么好喝。Méi xiǎngdào Máotáijiǔ zhème hǎohē.
　②没想到期末考试这么简单。Méi xiǎngdào qīmò kǎoshì zhème jiǎndān.
【轮胎】タイヤ

县城，他们又换了一辆小面包车。阿娥已经很累
xiànchéng, tāmen yòu huànle yí liàng xiǎo miànbāochē. Ā'é yǐjīng hěn lèi

了，她问阿强："还有多远啊？"，阿强说："快了，再
le, tā wèn Āqiáng: "Hái yǒu duō yuǎn a?", Āqiáng shuō: "Kuài le, zài

换一次摩的就到了。"
huàn yí cì módí jiù dào le."

【只好……】〜するほかない
　①已经没有车了，我们只好走回去了。
　　Yǐjīng méiyou chē le, wǒmen zhǐhǎo zǒuhuíqu le.
　②你们一定要去，我只好去。Nǐmen yídìng yào qù, wǒ zhǐhǎo qù.
【拦截】遮る、阻む
【卡车】トラック
【赶路】道を急ぐ
【面包车】マイクロバス
【"有多"＋形容词】どれぐらい〜
　①富士山有多高？ Fùshìshān yǒu duō gāo?
　②长江有多长？ Chángjiāng yǒu duō cháng?

摩的 载着 阿强 和 阿娥 在 山路 上 又 颠簸了 4 个
Módí zǎizhe Āqiáng hé Ā'é zài shānlù shang yòu diānbōle sì ge

多 小时，阿娥 忍不住 又 问 阿强："还 有 多 远 啊？"
duō xiǎoshí, Ā'é rěnbuzhù yòu wèn Āqiáng: "Hái yǒu duō yuǎn a?"

阿强 说："这 回 真 快 了，你 看到 前面 那 片 小 竹林
Āqiáng shuō: "Zhè huí zhēn kuài le, nǐ kàndào qiánmian nà piàn xiǎo zhúlín

了 吗？小 竹林 里 冒着 炊烟 的 那个 房子 就 是 了。"
le ma? Xiǎo zhúlín li màozhe chuīyān de nàge fángzi jiù shì le."

长途 跋涉了 5 天 后，阿娥 见到了 两 位 淳朴 的
Chángtú báshèle wǔ tiān hòu, Ā'é jiàndàole liǎng wèi chúnpǔ de

农民 —— 阿强 的 父母。他们 也 非常 喜欢 儿子 选中
nóngmín —— Āqiáng de fùmǔ. Tāmen yě fēicháng xǐhuan érzi xuǎnzhòng

的 "媳妇"。
de "xífu".

【摩的】バイクタクシー
【载】乗せる
【颠簸】上下に揺れる
【忍不住】こらえられない
　例）听了她的话，我忍不住笑了。Tīngle tā de huà, wǒ rěnbuzhù xiào le.
【冒】立ち上る
【炊烟】炊事の煙
【跋涉】山に登り川を渡る
【淳朴】純朴である、素朴である。
【选中】見そめる、気に入る
【媳妇】息子の妻、嫁

中国の交通事情

1. "自行车" zìxíngchē（自転車）

1970年代まで、自転車は一家庭の一財産に相当するもので、"三大件儿" sāndàjiànr（三種の神器：自転車、腕時計、ミシン）のひとつでした。自転車を持っていることは裕福であるとみなされ、人々に羨まれました。買い物だけでなく、出勤などにも使われました。有名なメーカーの"永久牌" Yǒngjiǔpái や"凤凰牌" Fènghuángpái の自転車を持つことは、今の自家用車を持つことに相当しました。

2. 市内の交通機関

●市内の交通機関としては、昔はトロリーバスが主でしたが、今はそれが殆どなくなり、"公交车" gōngjiāochē（バス）、"出租车" chūzūchē（タクシー）、"摩托车" mótuōchē（バイク）などが普及しています。バスは運賃が安く、定期の他にチャージ式のカードもあります。日本のように正確な時刻表はありませんが、本数が多く便利な乗り物です。

●タクシーは大変安いので、多く利用されています。中高生の中には、同じマンションに住み、同じ学校に通う者は長期契約で毎日決まった時間に運転手に迎えに来てもらい、二、三人でタクシーに相乗りして通学する人もいるぐらいです。しかし、近年車が急増し、渋滞がひどくなり、料金は走行距離とかかった時間から算出されるようになりました。

3. "地铁" dìtiě（地下鉄）

● 1969年10月1日、中国建国20周年の時、北京に最初の地下鉄ができました。全長23.6キロでした。今は9本あり、総延長228キロになっています。2015年には19本

中国の交通事情　第 07 課

1. "自行车" zìxíngchē（自転車）
2. 市内の交通機関
3. "地铁" dìtiě（地下鉄）
4. "动车组" dòngchēzǔ
   （新幹線に相当する列車）
5. 上海の"磁浮列车" cífú lièchē
   （リニアモーターカー）
6. "青藏铁路" Qīngzàng tiělù
   （青海チベット鉄道）

1969 年北京地铁试运行

となり、北京の地下鉄は全長 561 キロになる予定です。
● 2009 年 9 月北京、上海、深圳を始め全国で 10 の都市に地下鉄が出来、全長 813 キロになっています。
● 2015 年までに全国でさらに多くの都市に全長 2495 キロの地下鉄を建設する予定です。

4. "动车组" dòngchēzǔ （新幹線に相当する列車）

2007 年 4 月、中国で時速 200～250km の"动车组"という列車が生まれました。それまでの中国の列車の時速は 160km でした。2008 年 8 月には北京から天津まで時速 300～350km の列車が運行され、世界で一番速い列車となりました。

5. 上海の"磁浮列车" cífú lièchē （リニアモーターカー）

2002 年 12 月 31 日に"浦东机场" Pǔdōng jīchǎng から龍陽路まで全長 30 キロの"磁浮列车"が竣工し、片道の所要時間は、わずか 7 分 20 秒です。ドイツの技術を使いましたが、これはリニアモーターカーの世界初の商業運転となりました。

6. "青藏铁路" Qīngzàng tiělù （青海チベット鉄道）

平均海抜は 4500m、全長 1956km になります。このような高所に鉄道が建設されるのは世界で他に例がありません。2006 年 7 月 1 日に全線開通しました。チベット産業の柱である観光の飛躍的な発展や他省との物流の改善、さらにチベットの産業開発全般に寄与されることが期待されています。

練習問題

【1】 次の会話を聞き、（ ）に二字の語句を入れなさい。【CD★15】

张小姐：你坐过长途巴士吗?
王先生：坐过（　　　　）次。
张小姐：你坐过摩的吗?
王先生：（　　　　）也没坐过。我（　　　　）摩的很危险。
张小姐：我去广州的（　　　　）坐过两次。
王先生：你真勇敢 yǒnggǎn。

【2】 ①～④の中から最も適当なものを選んで空欄に入れてから、日本語に訳しなさい。

1) 我（　　　　）什么都感兴趣。
　①跟　②给　③和　④对

_____

2) 她（　　　　）在飞机上看见了高中时的好朋友。
　①没看到　②没听到　③没想到　④没找到

_____

【3】 次の文章を日本語に訳しなさい。

　　阿强和阿娥相处了两年多的时候，阿强对阿娥说："我想带你回家乡见父母。"阿娥听了非常高兴。数日后，他们怀着无比喜悦的心情出发了。

_____

_____

_____

_____

[第 8 課]

创业
CHUANGYE

【CD★16】

阿强 和 阿娥 结婚 了。他们 离开了 工厂 的 宿舍，
Āqiáng hé Ā'é jiéhūn le. Tāmen líkāile gōngchǎng de sùshè,

自己 租了 两 间 房子。一 间 作为 住宿， 一 间 作为
zìjǐ zūle liǎng jiān fángzi. Yì jiān zuòwéi zhùsù, yì jiān zuòwéi

工作间， 取 名 "时尚"，希望 自己 能 为 顾客 做 一些
gōngzuòjiān, qǔ míng "Shíshàng", xīwàng zìjǐ néng wèi gùkè zuò yìxiē

时尚 的 服装。他们 结束了 艰苦 的 打工 生活，开始了
shíshàng de fúzhuāng. Tāmen jiéshùle jiānkǔ de dǎgōng shēnghuó, kāishǐle

创业。
chuàngyè.

【租】借りる
【作为……】～として
　①作为老板，他感到责任重大。Zuòwéi lǎobǎn, tā gǎndào zérèn zhòngdà.
　②他作为医生工作了四十年。Tā zuòwéi yīshēng gōngzuòle sìshí nián.
【工作间】仕事部屋
【时尚】時代の流行
【为……】～のために
　①为我们的友谊干杯。Wèi wǒmen de yǒuyì gānbēi.
　②我很好，不用为我担心。Wǒ hěn hǎo, bú yòng wèi wǒ dānxīn.
【结束】終わる、終わらせる、打ち切る

有一天，一位在日本公司东莞分公司为日本
Yǒu yì tiān, yí wèi zài Rìběn gōngsī Dōngguǎn fēngōngsī wèi Rìběn
加工女装的黄老板，偶然看到了他们橱窗里挂着
jiāgōng nǚzhuāng de Huáng lǎobǎn, ǒurán kàndàole tāmen chúchuāng li guàzhe
的衣服做工很好，而且样式也和自己公司的服装
de yīfu zuògōng hěn hǎo, érqiě yàngshì yě hé zìjǐ gōngsī de fúzhuāng
的风格十分相似。黄老板问阿强想不想为自己
de fēnggé shífēn xiāngsì. Huáng lǎobǎn wèn Āqiáng xiǎng bu xiǎng wèi zìjǐ
的公司做几件样品，因为当时阿娥不在，所以阿强
de gōngsī zuò jǐ jiàn yàngpǐn, yīnwèi dāngshí Ā'é bú zài, suǒyǐ Āqiáng
没有马上答复黄老板。
méiyou mǎshàng dáfù Huáng lǎobǎn.

【东莞】地名。広東省に位置している
【橱窗】(商店の)ショーウィンドウ
【挂】掛ける、掛かる
【样式】様式、スタイル、形
【和〜相似】〜と似ている
　①明治维新以前，日本画和中国画很相似。
　　Míngzhì wéixīn yǐqián, Rìběnhuà hé Zhōngguóhuà hěn xiāngsì.
　②上海的气候和东京很相似。Shànghǎi de qìhou hé Dōngjīng hěn xiāngsì.
【样品】サンプル

晚上，阿强 跟 阿娥 说了 白天 的 事。阿娥 兴奋得
Wǎnshang, Āqiáng gēn Ā'é shuōle báitiān de shì. Ā'é xīngfènde
几乎 一 夜 没 睡。她 希望 这 位 老板 能 给《时尚》带来
jīhū yí yè méi shuì. Tā xīwàng zhè wèi lǎobǎn néng gěi «Shíshàng» dàilai
一 个 机会。第 二 天 一 早，阿娥 就 去 东莞 一 家 最
yí ge jīhuì. Dì èr tiān yì zǎo, Ā'é jiù qù Dōngguǎn yì jiā zuì
大 的 布行，选了 几 块 花色 鲜艳 的 布料，精心 地
dà de bùháng, xuǎnle jǐ kuài huāsè xiānyàn de bùliào, jīngxīn de
制作了 几 件 款式 新颖 的 女装。
zhìzuòle jǐ jiàn kuǎnshì xīnyǐng de nǚzhuāng.

经过 几 天 的 努力，阿强 和 阿娥 带着 他们 的 样品
Jīngguò jǐ tiān de nǔlì, Āqiáng hé Ā'é dàizhe tāmen de yàngpǐn
和 报价 去了 那 家 公司。
hé bàojià qùle nà jiā gōngsī.

【布行】布の市場
【花色】柄と色
【布料】生地
【款式】様式、(家具・服装などの) デザイン
【新颖】斬新、奇抜である
【经过】経過する、経る
【带着】持っている、かかえて
【报价】オファー (する)、値段 (をつける)

Lesson 08

"大学生创业"
dàxuéshēng chuàngyè

1. **"大学生创业"** dàxuéshēng chuàngyè（大学生の起業）
● 大学教育の普及
90年代後半から中国では大学教育の普及のために、大学の定員を大幅に増やし始めました。1998年の募集人数は約105万人でしたが、翌1999年には約152万人までに一気に拡大し、その後、2005年には約504万人にまでなりました。また、高等教育の進学率は1990年の3.4％から2005年には21％までに達しました。(『中国教育統計年鑑』より)
● 大学生の就職難
大学生増加策の導入によって、大卒者も増えたため就職難の問題が生じました。2000年、大卒学生数は107万人だったのに対して、2009年には611万人にのぼりました。2009年7月時点の就職率は68％でした。(中国教育部発表)
● 大卒者の就職難を緩和するため、政府は卒業生が中西部地域や中小企業で就職することを奨励しました。特に大学卒業生による起業活動を促進しようと具体的な優遇政策も打ち出しました。1) 起業を申請する大学卒業生には無利息で5万元の融資を認める。2) 起業に関する職業訓練、政策諮問などを無料で受けることができる。3) 起業に関する有益な情報を載せる"大学生創業網"というウェブサイトを設け起業活動を助ける。

2. **"大学生村官儿"** dàxuéshēng cūnguānr
● 中国政府は2008年から毎年2万人ずつ、5年間で合計10万人の大学卒業生を選抜して農村に派遣することを決定しました。派遣された大学生

大学生创业
dàxuéshēng chuàngyè

第 08 課

1. "大学生创业" dàxuéshēng chuàngyè（大学生の起業）
2. "大学生村官儿" dàxuéshēng cūnguānr
3. 就職難の現実

は村の党書記助手、村委員会主任助手、村青年団書記、副書記などの職務に就きます。応募は自己申請で、条件は30歳未満の、中国共産党員をはじめとする優秀な大学生です。期間は3年間です。このように村に派遣された大学生を"大学生村官儿"と呼びます。
● 今、農村では優秀な人材が極端に不足しています。"村官儿"の進出が村に知識や文化、活気などをもたらします。"村官儿"の任地での評判もとても良いようです。
● "村官儿"は大学生の就職先として大変な人気になっています。重慶の場合、昨年の採用枠2500名に対し、応募者は4万人を超えました。1999年浙江省寧波市は"一村一名大学生计划" yì cūn yì míng dàxuéshēng jìhuà を打ち出しました。これを達成するにはまだ47万人余りが必要です。
● 「若い時に、農業、農村の現場に放り込まれて、鍛えられた者が中国の農業、農村を指導する。」これが"大学生村官儿"の最終目標のようです。

3. 就職難の現実

就職問題は、新たな社会問題として、2005年の全国人民代表大会でも公式に取り上げられました。実際、中小企業や内陸部では人材が不足しています。しかし、この「一人っ子」世代はプライドが高く、せっかく就職しても短期間で辞めてしまったり、仕事を高望み・えり好みしすぎる傾向があるようです。辛い仕事や残業の多い仕事・報酬の低い仕事に就くことを避けたり、あくまで、有名企業や大都市への就職にこだわる者がいることも事実です。また、その一方で、大事な「一人っ子」を思う親を安心させられるような仕事を見つけられず、理想と現実のギャップに悩む若者も多いようです。

练 习 問 題

【1】次の会話を聞き、（　）に二字の語句を入れなさい。【CD★17】

张小姐：你想什么时候（　　　）？
王先生：我想28岁左右结婚。
张小姐：结婚的时候你想租房子（　　　）买房子？
王先生：我想（　　　）房子，几年（　　　）再买房子。
张小姐：你想租（　　　）房子？
王先生：我想租两大间。

【2】①～④の中から最も適当なものを選んで空欄に入れてから、日本語に訳しなさい。

1) 他把自己的画儿（　　　）礼物送给了我。
　①为了　②作为　③因为　④相当

　_____

2) 中国公司的经营方式（　　　）日本的相似吗？
　①把　②和　③对　④从

　_____

【3】次の文章を日本語に訳しなさい。

　　阿强和阿娥结婚了。他们离开了工厂的宿舍，自己租了两间房子。一间作为住宿，一间作为工作间。他们结束了艰苦的打工生活。

　_____

　_____

　_____

　_____

[第 9 课]

办工厂
BAN GONGCHANG

【CD★18】

公司 看到 阿强 的 样品 和 报价 以后 非常 满意。
Gōngsī kàndào Āqiáng de yàngpǐn hé bàojià yǐhòu fēicháng mǎnyì.

阿强 无比 兴奋，他 不 想 错过 这个 机会，他 做出了
Āqiáng wúbǐ xīngfèn, tā bù xiǎng cuòguò zhège jīhuì, tā zuòchūle

一 个 大胆 的 决定 —— 办 工厂。 阿强 拿出了 全部
yí ge dàdǎn de juédìng —— bàn gōngchǎng. Āqiáng náchūle quánbù

存款。他们 租了 一 个 厂房，买了 20 台 设备，招了 40
cúnkuǎn. Tāmen zūle yí ge chǎngfáng, mǎile èrshi tái shèbèi, zhāole sìshi

名 工人，两 个 月 后，工厂 终于 开工 了。
míng gōngrén, liǎng ge yuè hòu, gōngchǎng zhōngyú kāigōng le.

【无比】比べるものがない
【错过】(時機を) 失う、逸する
【做出】してしまう、できあがる
【存款】貯金
【租】賃借りをする、(有料で) 借りる、借用する
【厂房】工場の建物
【招】募集する
【终于】ついに、とうとう
　例) 他的理想终于实现了。Tā de lǐxiǎng zhōngyú shíxiàn le.
【开工】操業する

在 同 日本 合作 的 3 年 里，他们 学到了 日本 公司
Zài tóng Rìběn hézuò de sān nián li, tāmen xuédàole Rìběn gōngsī
的 经营 方式，还 学到了 日本人 敬业、严谨 的 工作
de jīngyíng fāngshì, hái xuédàole Rìběnrén jìngyè、yánjǐn de gōngzuò
作风。他们 真正 地 懂得了 什么 叫 信誉、什么 叫
zuòfēng. Tāmen zhēnzhèng de dǒngdele shénme jiào xìnyù、shénme jiào
竞争。
jìngzhēng.

因为 他们 加工 的 衣服 质量 好，交货 日期 准时，
Yīnwèi tāmen jiāgōng de yīfu zhìliàng hǎo, jiāohuò rìqī zhǔnshí,
所以 日方 源源 不断 地 给 他们 下 订单。他们 每天
suǒyǐ Rìfāng yuányuán búduàn de gěi tāmen xià dìngdān. Tāmen měitiān
忙碌着，常常 加班到 深夜。最近 阿强 还 买了 一 台
mánglùzhe, chángcháng jiābāndào shēnyè. Zuìjìn Āqiáng hái mǎile yì tái
日产 的 汽车。他 做梦 都 没有 想到，过去 连 自行车
Rìchǎn de qìchē. Tā zuòmèng dōu méyou xiǎngdào, guòqù lián zìxíngchē
都 没 骑过 的 那个 山里 的 孩子，竟然 有了 自己 的
dōu méi qíguo de nàge shānli de háizi, jìngrán yǒule zìjǐ de
汽车。他 感到了 一 种 成功 的 喜悦。
qìchē. Tā gǎndàole yì zhǒng chénggōng de xǐyuè.

【敬业】仕事に誇りを持つ
【严谨】慎み深い
【懂得】理解している、わかる
【质量】品質
【交货日期】納期
【准时】時間どおりだ、定刻どおり
【源源不断】続々と、絶えず、どんどん
【订单】注文書
【忙碌】忙しい
【加班】残業する
【做梦】夢を見る、〈喩〉空想する

阿强 由 一个 农民工 做了 老板，一个 为 社会 也
Āqiáng yóu yí ge nóngmíngōng zuòle lǎobǎn, yí ge wèi shèhuì yě

为 自己 创造 财富 的 人人 羡慕 的 老板。阿强 的 父母
wèi zìjǐ chuàngzào cáifù de rénrén xiànmù de lǎobǎn. Āqiáng de fùmǔ

也 没 想到 当年 他们 坚持 生下来 的 阿强 竟 是 一个
yě méi xiǎngdào dāngnián tāmen jiānchí shēngxialai de Āqiáng jìng shì yí ge

这么 有 出息 的 孩子，他们 脸上 有 光 啊。
zhème yǒu chūxi de háizi, tāmen liǎnshang yǒu guāng a.

【竟然・竟】意外にも、なんと
　①她竟然一个人喝了十瓶啤酒。Tā jìngrán yí ge rén hēle shí píng píjiǔ.
　②看了她的作文，老师竟然感动得哭了。
　　Kànle tā de zuòwén, lǎoshī jìngrán gǎndòngde kū le.
【由～】～から、～によって
　①下面由王先生介绍一下他的工作经验。
　　Xiàmian yóu Wáng xiānsheng jièshào yíxia tā de gōngzuò jīngyàn.
　②学习要由浅入深。Xuéxí yào yóu qiǎn rù shēn.
【羡慕】うらやむ
【有出息】前途がある、見込みがある

Lesson 09

"汽车产业"
qìchē chǎnyè

1. "汽车产业" qìchē chǎnyè（自動車産業）

中国の自動車産業は1960年代から始まって、今日まで大きな発展を遂げてきました。

● "第一汽车制造厂"
　Dìyī qìchē zhìzàochǎng

1950年代旧ソ連の援助で長春に中国初の自動車メーカーとして設立されました。1965年7月13日初めて製造された国産トラックは"毛泽东"に"解放牌"Jiěfàngpáiと命名され、70年代から"红旗牌"Hóngqípáiという名の高級乗用車を製造できるようになりました。生産台数は65年に3万台を超え、75年には6万台に達しました。

● "邓小平" Dèng Xiǎopíng 時代（1978～97年）の自動車産業

长春第一汽车制造厂

鄧小平は1978年、"汽车工业"を中国の基幹産業にすることを明確にしたうえで、国内自動車メーカーに対して、海外の先進的な技術の導入や経営管理ノウハウを吸収することへの支援を始めました。1994年中国初となる"汽车工业产业政策"qìchē gōngyè chǎnyè zhèngcèを打ち出し、中国経済成長における自動車産業の位置づけの重要さを明示しました。この結果、全国の自動車生産台数は1980年の22万台から95年の150万台へと増大しました。

● "江泽民" Jiāng Zémín 時代（1995年～2003年）

江沢民は自動車産業のさらなる繁栄を図り、さらにオートバイ、農業用車両の生産にも力を入れました。また、政策面で、"西部大开发" Xībù dàkāifā（西部大開発）の方針を打ち出したことも、中国の自動車産業の発展に新たなチャンスを提供しました。この結果、2002年には中国全土の自動車生産台数は325万台となり、オートバイは1300万台、農業用車両は260万台となりました。

2. "东风日产" Dōngfēng Rìchǎn

中国自動車製造グループ"东风集团" Dōngfēng jítuánと日産との合弁

汽车产业 qìchē chǎnyè 第 09 課

1. "汽车产业" qìchē chǎnyè（自動車産業）
2. "东风日产" Dōngfēng Rìchǎn
3. 北京国际车展 Běijīng guójì chēzhǎn（北京国際モーターショー）

会社「東風日産」は2010年5月に広州の郊外に新しい工場を建設し始めました。投資額は670億円、広州での生産力を現在より67%増の、年間60万台にする計画です。新しい工場は2012年に稼動する予定で、完成すれば、日産の工場としては世界最大の規模になります。東風日産では2010年1月から4月までの4ヶ月間の乗用車の販売台数が22万台と、前年同期を57%上回りました。中国ではこのほか、トヨタ自動車が東北部、吉林省で新たな工場の建設を進めるほか、HONDAもハイブリッド車の販売を拡大するなど、各自動車メーカーが世界最大の市場となった中国での生産や販売体制を強化しています。

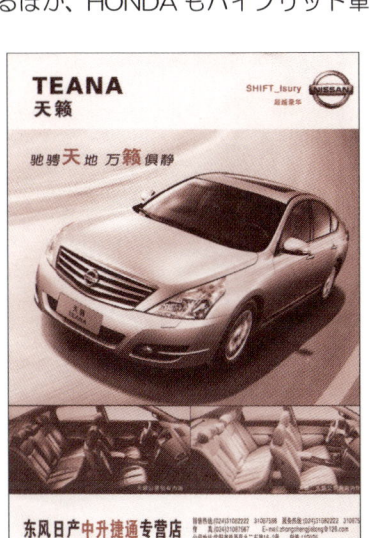

3. "北京国际车展" Běijīng guójì chēzhǎn（北京国際モーターショー）

中国の国際モーターショーは隔年で北京と上海で開かれます。2009年4月、上海で開催されたモーターショーには1400社が参加し、約60万人が来場しました。

同年、中国は新車販売台数で米国を抜き、世界一になりました。2010年4月23日には"北京国際車展"が開幕しました。出展数約2100社、来場者数も60万〜80万に、モーターショーの規模としては過去最大級です。

日本の日産自動車、HONDA、マツダ、富士重工業、三菱自動車の各社が現地入りし、最先端の環境技術や低燃費の小型車などを披露しました。

主要国の2009年の自動車販売台数

(単位:台、%)

	1月		2月	
	台数	前年同月比	台数	前年同月比
米国	655.226	−39.4	687.356	−38.9
中国	735.900	−14.3	827.600	24.7
日本	174.281	−27.9	218.212	−32.4
ドイツ	189.385	−14.2	277.740	21.5
フランス	149.372	−7.9	152.066	−13.2

練習問題

【1】次の会話を聞き、（　）に二字の単語を書き入れなさい。【CD★19】

张小姐：听说你朋友办了一个（　　　）厂。
王先生：是啊。（　　　）办了三年了。
张小姐：有多少（　　　）啊？
王先生：第一年有十五名，现在有三十名。
张小姐：你不想当（　　　）吗？
王先生：当然想。（　　　）我不想贷款。

【2】①～④の中から最も適当なものを選んで空欄に書き入れてから、日本語に訳しなさい。

1) 王先生（　　　）买了一个大房子。
　①几乎　②终于　③不但　④而且

_____

2) 去年春天（　　　）下了三场 chǎng 大雪，真没想到。
　①就要　②并没　③竟然　④常常

_____

【3】次の文章を日本語に訳しなさい。

　　在同日本合作的3年里，他们学到了日本公司的经营方式，还学到了日本人敬业、严谨的工作作风。他们真正地懂得了什么叫信誉、什么叫竞争。

_____

_____

_____

_____

跳槽
TIAOCAO

【第 10 課】

【CD★20】

阿强 有 一 件 棘手 的 事情：工人 "跳槽"。
Āqiáng yǒu yí jiàn jíshǒu de shìqing: Gōngrén "tiàocáo".

"跳槽" 就 是 因为 找到了 一 个 更 好 的 工作 而
"Tiàocáo" jiù shì yīnwèi zhǎodàole yí ge gèng hǎo de gōngzuò ér

放弃了 原来 的 工作。从前 在 国企 的 人 只要 有 一 份
fàngqìle yuánlái de gōngzuò. Cóngqián zài guóqǐ de rén zhǐyào yǒu yí fèn

【跳槽】転職をする、会社を移る
【棘手】手を焼く、手に余る
【国企】国営企業
【退休】定年になる

阿强的故事

工作就会一直干到退休，很少有人跳槽。
gōngzuò jiù huì yìzhí gàndào tuìxiū, hěn shǎo yǒu rén tiàocáo.

随着社会的发展，现在的人只要找到待遇更好
Suízhe shèhuì de fāzhǎn, xiànzài de rén zhǐyào zhǎodào dàiyù gèng hǎo

一点的工作就会毫不犹豫、毫不留恋地放弃现有
yìdiǎn de gōngzuò jiù huì háobù yóuyù, háobù liúliàn de fàngqì xiànyǒu

的工作，跳槽在许多行业已经是十分普遍的现象
de gōngzuò, tiàocáo zài xǔduō hángyè yǐjīng shì shífēn pǔbiàn de xiànxiàng

了。
le.

为了防止跳槽，工厂制定了一项制度：为干满
Wèile fángzhǐ tiàocáo, gōngchǎng zhìdìngle yí xiàng zhìdù: Wèi gànmǎn

三年的工人发奖金、加薪水。可是上个月有一
sān nián de gōngrén fā jiǎngjīn, jiā xīnshuǐ. Kěshì shàng ge yuè yǒu yì

名女工在差三个月就满三年的时候，向厂里
míng nǚgōng zài chà sān ge yuè jiù mǎn sān nián de shíhou, xiàng chǎngli

提出了辞职。
tíchūle cízhí.

【随着……】〜につれて
①随着经济的发展，人们的生活水平提高了。
　　Suízhe jīngjì de fāzhǎn, rénmen de shēnghuó shuǐpíng tígāo le.
②随着年龄的增长，她更思念家乡了。
　　Suízhe niánlíng de zēngzhǎng, tā gèng sīniàn jiāxiāng le.
【只要……就】〜さえすれば
①只要你说得对，我们就照你的办。
　　Zhǐyào nǐ shuōde duì, wǒmen jiù zhào nǐ de bàn.
②只要你觉得幸福，那就是幸福。
　　Zhǐyào nǐ juéde xìngfú, nà jiù shì xìngfú.
【毫不……】なんら〜ない、すこしも〜ない
【留恋】離れがたく思う

阿强 无法 理解 地 问 她："再 有 三 个 月 你 就
Āqiáng wúfǎ lǐjiě de wèn tā: "Zài yǒu sān ge yuè nǐ jiù
可以 拿到 一 份 奖金 和 更 好 的 薪水 了，为 什么 要
kěyǐ nádào yí fèn jiǎngjīn hé gèng hǎo de xīnshuǐ le, wèi shénme yào
辞职 呢？"那 名 女工 说："我 想 的 是 这 个 月 我
cízhí ne?" Nà míng nǚgōng shuō: "Wǒ xiǎng de shì zhè ge yuè wǒ
能 拿到 多少 薪水，下 个 月 我 能 拿到 多少 薪水，而
néng nádào duōshao xīnshuǐ, xià ge yuè wǒ néng nádào duōshao xīnshuǐ, ér
不 是 三 个 月 后 我 能 拿到 多少 薪水。"他们 非常
bú shì sān ge yuè hòu wǒ néng nádào duōshao xīnshuǐ." Tāmen fēicháng
现实，他们 很 少 考虑 今后，他们 更 相信 的 是 现在。
xiànshí, tāmen hěn shǎo kǎolǜ jīnhòu, tāmen gèng xiāngxìn de shì xiànzài.

【发奖金】奨励金を支給する
【许多】多い、たくさん
【行业】職種、業種
【项】条例、図表、文書などに用いる量詞
【加薪水】給料をアップする
【无法……】～する方法がない
【现实】現実的である
【很少】めったにない
　①王先生很少跟我说他过去的事。
　　Wáng xiānsheng hěn shǎo gēn wǒ shuō tā guòqù de shì.
　②我很少看电视，我更喜欢看书。
　　Wǒ hěn shǎo kàn diànshì, wǒ gèng xǐhuan kànshū.

Lesson 10

"中国的企业"
Zhōngguó de qǐyè

1. "国営企业" guóyíng qǐyè

50年代から90年代まで、中国の経済体制は旧ソ連の計画経済を手本とし、企業は殆ど国営でした。所有と経営の分離を定めた1992年以降、これらは国有企業と言われるようになりました。

国営企業の時代は、一旦就職したら医療費、住居、停年後の年金などすべてが保障され、大変安定した生活でしたが、平等すぎて、個々人の働く意欲がありませんでした。

そして、マクロ経済が市場化するにつれ、大部分の企業が経営不振に陥りました。そんな中、1997年"朱鎔基"は「国有企業の7万9000社のうちの49％は赤字だ」と言明します。1998年3月、総理に就任した朱鎔基は、「国有企業改革」を発表しました。現在では、多くの企業が赤字など苦境から脱したといわれていますが、失業者が1000万人以上にのぼるなど問題も山積しています。

2. "民営企业" mínyíng qǐyè

民営企業（私営企業：生産手段を所有し、労働者を雇用している。従業員8名以上。 個人企業：労働者個人が生産手段を所有し、本人とその家族が経営権を持つ。従業員7名以下。）は、計画経済の時代においてはまったく存在しませんでしたが、改革開放に転換した後、急成長を遂げています。

このように民営企業は、リストラされた国有企業従業員や農村の余剰労働力を吸収し、成長してきました。

国営企業：中国石化　上海F1のスポンサー

民営企業の従業員数の増加

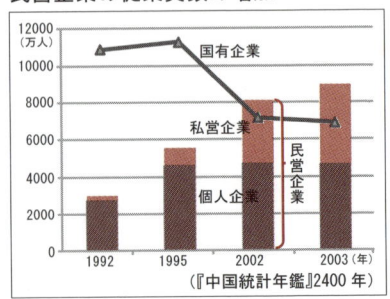

（『中国統計年鑑』2400年）

| 中国的企业 Zhōngguó de qǐyè | 第 10 課 |

1. "国営企业" guóyíng qǐyè
2. "民営企业" mínyíng qǐyè
3. "外资企业" wàizī qǐyè
4. 中国における"日本企业" Rìběn qǐyè の社会貢献活動

3. "外资企业" wàizī qǐyè

合弁企業（複数の企業の共同出資による会社）、合作企業（非資本参加の合弁企業）、独資（100％外資）企業の三つを外資企業と呼びます。中国の工業生産の28.6％（2005年）を占め、雇用創出効果は大きく、外資企業への直接就業者も2400万人に昇り、その中国経済に占める地位は重要なものとなっています。

海尔总部大楼

4. 中国における"日本企业" Rìběn qǐyè の社会貢献活動

日本の上場企業の約6割以上が中国に進出し、これらの大手企業は中国を単なる「生産基地」として捉えるのではなく、中国を「マーケット」として重視する戦略に変わってきています。そのため、各企業は中国での自社ブランドに対する認知度や企業イメージの向上を図るため、社会公益、社会福祉、技術教育、文化、スポーツ及び環境保全など様々な分野において「社会貢献活動」を行っており、民間レベルでの日中友好関係の推進に大きく貢献しています。

キヤノン緑援使者

大学生が、中国の自然保護区の経済成長と環境保護の両立についてアイディアを競うコンテストを支援

練習問題

【1】次の会話を聞き、（ ）に二字の語句を書き入れなさい。【CD★21】

张小姐：你在外企工作几年了？
王先生：工作了（　　　　）多了。
张小姐：你（　　　　）在哪儿工作？
王先生：我以前在（　　　　）工作。
张小姐：国企的（　　　　）多好啊，为什么辞了呢？
王先生：（　　　　）我觉得外企更有发展。

【2】①～④の中から最も適当な言葉を選んで（ ）書き入れてから、日本語に訳しなさい。

1)（　　）时代的变化，人们的想法也发生了变化。
　①跟着　　②想着　　③看着　　④随着

　_____

2)（　　）你高兴，我就高兴。
　①只要　　②即使　　③只有　　④既然

　_____

【3】課文を参考しながら、aに接続詞、bに副詞、cに助詞を書き入れてから全文を日本語に訳しなさい。

　　（a.　　）社会的发展，现在的人只要找到待遇更好一点的工作（b.　　）会毫不犹豫、毫不留恋（c.　　）放弃现有的工作，跳槽在许多行业已经是十分普遍的现象了。

　_____

　_____

　_____

　_____

【第 11 課】

阿强的新助手
AQIANG DE XIN ZHUSHOU

【CD★*22*】

阿强 有了 一个 新 助手。阿强 叫 他"武 大"，这 是
Āqiáng yǒule yí ge xīn zhùshǒu. Āqiáng jiào tā "Wǔ dà", zhè shì
因为 他 是 武汉 大学 毕业 的 大学生。
yīnwèi tā shì Wǔhàn dàxué bìyè de dàxuéshēng.

　　阿强 没有 上过 大学，没有 在 大学 校园 里 度过
Āqiáng méiyou shàngguo dàxué, méiyou zài dàxué xiàoyuán li dùguo
那 4 年 人生 中 最 最 美好 的 时光。在 阿强 的 眼里
nà sì nián rénshēng zhōng zuì zuì měihǎo de shíguāng. Zài Āqiáng de yǎnli
大学 是 神圣 的 殿堂，所以 阿强 管 他 的 新 助手 就
dàxué shì shénshèng de diàntáng, suǒyǐ Āqiáng guǎn tā de xīn zhùshǒu jiù

【武汉】湖北省の省都
【度过】過ごす、送る
　例）去年，我在一个小岛上度过了一个愉快的暑假。
　　　Qùnián, wǒ zài yí ge xiǎodǎo shang dùguòle yí ge yúkuài de shǔjià.
【时光】光陰、時間
【神圣】神聖である
【殿堂】(宮殿・社殿などの) 壮厳な建築物
【管】〜を（〜と呼ぶ）

叫"武大"。"武大"用 现代 手段 —— 电脑 为 他 管理
jiào "Wǔ dà". "Wǔ dà" yòng xiàndài shǒuduàn —— diànnǎo wèi tā guǎnlǐ
工厂 的 生产 状况 以及 各种 账目。阿强 看了 既
gōngchǎng de shēngchǎn zhuàngkuàng yǐjí gèzhǒng zhàngmù. Āqiáng kànle jì
新奇 又 高兴，因为 阿强 还 不 会 用 电脑。
xīnqí yòu gāoxìng, yīnwèi Āqiáng hái bú huì yòng diànnǎo.
"武大"能 到 阿强 这样 一 个 民营 企业 来 工作，
"Wǔ dà" néng dào Āqiáng zhèyàng yí ge mínyíng qǐyè lái gōngzuò,
也 反映出 一 个 时代 的 变化。从前，中国 大学生 很
yě fǎnyìngchū yí ge shídài de biànhuà. Cóngqián, Zhōngguó dàxuéshēng hěn

【以及】及び、並びに
【账目】会計、勘定、帳簿
【忙着】(形容詞＋"着")～で忙しくしている
　例) 最近一直忙着写论文，连睡觉的时间都不够。
　　　 Zuìjìn yìzhí mángzhe xiě lùnwén, lián shuìjiào de shíjiān dōu búgòu.
【越来越……】ますます～
　例) 铃木的汉语越来越好。Língmù de Hànyǔ yuè lái yuè hǎo.
【成倍】倍にして
【扩招】定員を増やす
【使……】～に～させる
　例) 她的话使我感到意外。Tā de huà shǐ wǒ gǎndào yìwài.

少，国家为每一个大学生准备好了一份工作，这种制度叫"分配工作"，没有失业问题。他们不用像日本的大学生那样在大三的时候就忙着找工作。可是90年代后这个制度被取消了。

目前新办的大学越来越多，原有的大学成倍地扩招新生，使大学生的就业问题也严峻起来。现在有一部分大学生如果能被好一点的公司录用，即使在试用期间不发工资都毫无怨言。为了找到下一个更好一点的工作，他们需要经历。

【動詞＋"起来"／動詞＋"起"＋名詞＋"来"】～しはじめる
①工厂终于建起来了。Gōngchǎng zhōngyú jiànqilai le.
②大家高兴得唱起歌来。Dàjiā gāoxìngde chàngqi gē lai.

【即使……都／也】たとえ～としても
①即使明天下雨，我也要去。Jíshǐ míngtiān xià yǔ, wǒ yě yào qù.
②即使你们都反对，我也要坚持自己的意见。
　Jíshǐ nǐmen dōu fǎnduì, wǒ yě yào jiānchí zìjǐ de yìjiàn.

【录用】採用する
【发】支払う
【怨言】不平

Lesson 11

中国の学校制度

●概説（1940年代～90年代）

中国の学校制度は、1949年以前はアメリカからの影響が強く、49年新中国成立以後はソ連型モデルの影響を強く受けました。その後文化大革命（1966～1976年）時代の混乱を経て、80年代以後は文革前の制度にもどるとともに、欧米型教育の合理的な面も吸収しつつ現在に至っています。

年齢	段階				
~28	博士后（不定）				
27					
26	博士（3年）				
25		研究生院			
24					
23	硕士（3年）				
22		高等专科学校			
21		短期職業大学			
20	大学本科	大专	职大	中等专业技术学校	
19	（4~5年）	（3年）	（3年）		
18					职业高中
17				中专	
16	高中（3年）			（4~5年）	职高
15					（3年）
14					
13	初中（3年）				
12					
11					
10					
9					
8	小学（6年）				
7					
6					
5					
4	幼儿园（3年）				
3					

中国の学校制度

1. "文化大革命时期" wénhuà dà gémìng shíqī（1966～1976年）

文化大革命は社会的動乱でした。この時代、"教育要革命，学制要缩短" jiàoyù yào gémìng, xuézhì yào suōduǎn といった誤った教育政策によって小学校から大学までのすべての学校の学制が短縮され、小学校、中学校、高校を合わせて9年とし、大学は3年に短縮されました。また、職業中学校、農業中学校、成人教育機構は全部撤廃されました。教育は、教育の理念によってではなく、「政治的な争い」に支配されました。大学の数も減らされ、1966年～1969年の4年間は、学生募集が中止されました。

2. "工农兵大学生" gōngnóngbīng dàxuéshēng

1970年と1971年には、試験的に工場の労働者・農民・軍隊の兵士を大学生として推薦入学させましたが、この入学には二つの弊害がありました。ひとつは、高級幹部の子供たちが親の特権を利用し、推薦枠を取得したこと。もうひとつは、本当の工・農・

| 中国の学校制度 | 第 11 課 |

● 概説（1940年代〜90年代）
1. "文化大革命时期"
   wénhuà dà gémìng shíqī
   （1966〜1976年）
2. "工农兵大学生"
   gōngnóngbīng dàxuéshēng
3. "知识青年上山下乡运动"
   zhīshi qīngnián shàngshān xiàxiāng yùndòng
4. "高考制度恢复"
   gāokǎo zhìdù huīfù

兵たちが大学生として入学しても、それまで中学・高校でまともな教育を受けなかった人、勉強自体が好きでない人が多かったため、あまり効果的ではなかったということです。

第一届工农兵大学生

3. "知识青年上山下乡运动"
zhīshi qīngnián shàngshān xiàxiāng yùndòng

1968年12月22日、人民日報に「知識青年が農村にいき貧しい農民から再教育を受けることは、とても重要である」という毛沢東の指示が掲載されました。これにより、全国各地で"上山下乡运动"が高まりました。

1968年からおよそ10年に渡り、半強制的に都市の青少年が農村へ下放させられました。その数は1600万人にものぼります。行き先は雲南省、貴州省、内モンゴル、黒竜江省など、中国の中でも辺境に位置し、経済格差が都市部と大きく開いている地方でした。

この政策により、当時の都市における失業や就職圧力は一時的に緩和しました。しかし、多くの青年層が教育の機会を失い、高等教育や研究活動の中断を招きました。

4. "高考制度恢复"
gāokǎo zhìdù huīfù

1977年8月に、鄧小平が科学と教育に関する座談会を開催し、この会で、10年間停止していた大学入学試験を再開することが決定されました。試験には10年間のブランクを埋めるために受験者が殺到し、全国で570万人が受験しましたが、大学に入学できた者はわずか27万人でした。この年、14、15歳から36、37歳の新入生が誕生しました。

現在では毎年6月の7、8日の二日間の日程で全国統一大学入試である"高考"が行われます。

練習問題

【1】 次の会話を聞き、（　）に二字の語句を書き入れなさい。【CD★*23*】

张小姐：你什么时候学会用（　　　）的?
王先生：（　　　）的时候就学会了。
张小姐：我还（　　　）用电脑呢。
王先生：（　　　）用就好了。
张小姐：要不要参加个电脑学习班呀?
王先生：（　　　）有时间的话，参加一个也好。

【2】 次の単語を使って文をつくり、さらに日本語に訳しなさい。

1) 越来越　的　房间里　多　东西
　　中文：＿＿＿＿＿＿＿＿＿＿＿＿＿＿＿＿＿＿＿＿

　　日文：＿＿＿＿＿＿＿＿＿＿＿＿＿＿＿＿＿＿＿＿

2) 也　贵　买　即使　要　我
　　中文：＿＿＿＿＿＿＿＿＿＿＿＿＿＿＿＿＿＿＿＿

　　日文：＿＿＿＿＿＿＿＿＿＿＿＿＿＿＿＿＿＿＿＿

【3】 課文を参考しながら、a. にアスペクト助詞、b. に前置詞を入れてから全文を日本語に訳しなさい。

　　阿强没有上（a.　　）大学，没有在大学校园里度过那人生中非常美好的时光。（b.　　）阿强的眼里大学是神圣的殿堂。

＿＿＿＿＿＿＿＿＿＿＿＿＿＿＿＿＿＿＿＿＿＿＿＿＿＿＿＿＿

＿＿＿＿＿＿＿＿＿＿＿＿＿＿＿＿＿＿＿＿＿＿＿＿＿＿＿＿＿

＿＿＿＿＿＿＿＿＿＿＿＿＿＿＿＿＿＿＿＿＿＿＿＿＿＿＿＿＿

＿＿＿＿＿＿＿＿＿＿＿＿＿＿＿＿＿＿＿＿＿＿＿＿＿＿＿＿＿

第 12 课 阿强的烦恼
AQIANG DE FANNAO

【CD★24】

阿强 的 儿子 叫 京京，是 一 个 特别 聪明、可爱 的
Āqiáng de érzi jiào Jīngjīng, shì yí ge tèbié cōngming、kě'ài de

孩子。现在 他 已经 上 小学 3 年级 了。因为 他们 没有
háizi. Xiànzài tā yǐjīng shàng xiǎoxué sān niánjí le. Yīnwèi tāmen méiyou

当地 户口，所以 京京 只 能 进 农民工 子弟 小学。这样
dāngdì hùkǒu, suǒyǐ Jīngjīng zhǐ néng jìn nóngmíngōng zǐdì xiǎoxué. Zhèyàng

的 小学 教学 质量 不 是 很 好。孩子 的 父母 多半 是
de xiǎoxué jiàoxué zhìliàng bú shì hěn hǎo. Háizi de fùmǔ duōbàn shì

农民工， 他们 每天 只 忙着 打工，没有 时间 也 没有
nóngmíngōng, tāmen měitiān zhǐ mángzhe dǎgōng, méiyou shíjiān yě méiyou

能力 关心 孩子 的 学习。
nénglì guānxīn háizi de xuéxí.

城里 的 孩子，每天 都 是 父母 陪着 写 作业，他们
Chénglǐ de háizi, měitiān dōu shì fùmǔ péizhe xiě zuòyè, tāmen

【户口】戸籍
【子弟】子供、子弟
【多半】大半
【关心】関心を持つ、気にかける
【写作业】宿題をする

还 给 孩子 请 家教，让 孩子 参加 各种 各样 的 补习班
hái gěi háizi qǐng jiājiào, ràng háizi cānjiā gèzhǒng gèyàng de bǔxíbān
补习 功课。业余 时间 还 让 孩子 学 乐器、学 画 画儿、
bǔxí gōngkè. Yèyú shíjiān hái ràng háizi xué yuèqì、xué huà huàr、
学 书法、学 游泳 等等。可是 农民工 的 孩子 都
xué shūfǎ、xué yóuyǒng děngděng. Kěshì nóngmíngōng de háizi dōu
做不到。
zuòbudào.

"望 子 成 龙，望 女 成 凤" 是 中国 的 传统
"Wàng zǐ chéng lóng, wàng nǚ chéng fèng" shì Zhōngguó de chuántǒng
思想。阿强 和 阿娥 希望 自己 的 孩子 能 进 一 所 好
sīxiǎng. Āqiáng hé Ā'é xīwàng zìjǐ de háizi néng jìn yì suǒ hǎo
小学，希望 自己 的 孩子 能 受到 良好 的 教育，希望
xiǎoxué, xīwàng zìjǐ de háizi néng shòudào liánghǎo de jiàoyù, xīwàng
自己 的 孩子 能 "青 出于 蓝 而 胜于 蓝"。
zìjǐ de háizi néng "qīng chūyú lán ér shèngyú lán".

【给……】～に
　①有事儿给我打电话啊。Yǒu shìr gěi wǒ dǎ diànhuà a.
　②情人节（バレンタイン・デー）那天，她没给我买巧克力。
　　Qíngrénjié nà tiān, tā méi gěi wǒ mǎi qiǎokèlì.
【请】招く、雇う
　①孩子为父母请了一个保姆。Háizi wèi fùmǔ qǐngle yí ge bǎomǔ.
　②汉语研究室请了两位中国老师。
　　Hànyǔ yánjiūshì qǐngle liǎng wèi Zhōngguó lǎoshī.
【家教】家庭教師
【各种各样】種々の、さまざまな
　例）各种各样的方法 gèzhǒng gèyàng de fāngfǎ
【补习】補習する

阿强的烦恼 12

最近，阿强 夫妇 又 做了 一 个 决定。他们 拿出 许多
Zuìjìn, Āqiáng fūfù yòu zuòle yí ge juédìng. Tāmen náchū xǔduō
积蓄，送 儿子 进了 一 所 当地 的 一级 小学，他们 像
jīxù, sòng érzi jìnle yì suǒ dāngdì de yījí xiǎoxué, tāmen xiàng
所有 的 中国 父母亲 一样 为 孩子 可以 牺牲 一切。
suǒyǒu de Zhōngguó fùmǔqīn yíyàng wèi háizi kěyǐ xīshēng yíqiè.

【功课】授業、学業、成績
【业余】余暇
【画画儿】絵を描く
【书法】書道
【等等】等等、などなど
【望子成龙，望女成凤】子供の出世を願う
【青出于蓝而胜于蓝】青は藍より出でて藍より青し
【积蓄】蓄え、貯金
【像……一样】～のように
　①时间像流水一样快。Shíjiān xiàng liúshuǐ yíyàng kuài.
　②她的皮肤像雪一样白。Tā de pífū xiàng xuě yíyàng bái.
【牺牲】犠牲にする

Lesson 12

"留守儿童"
liúshǒu értóng

1. "留守儿童" liúshǒu értóng（留守児童）

●都会へ出稼ぎに行った親の留守をしている子供を"留守儿童"といいます。中国通信社の2009年5月の報道によると"留守儿童"は全国に約5800万おり、うち4000万人以上が14歳以下の児童だといわれています。留守児童の84.6%は祖父母に面倒を見てもらっており、15.4%は親戚に預けられています。彼らには共通の問題があります。
①健康問題：食事のバランスが悪く、栄養失調になる子供が出てきました。
②教育問題：農作業や家事の手伝いに時間がとられ、勉強についてゆけなくなり、学校をさぼり始める子がいます。
③親との交流が少ないため、性格が閉鎖的になりがちです。
④道徳教育が不足しているので、違法行為もありました。
●解決策
　"和谐社会" héxié shèhuì（調和のとれた社会）をスローガンにかかげる"胡锦涛" Hú Jǐntāo（こきんとう）、"温家宝" Wēn Jiābǎo（おんかほう）政権は中国共産党中央委員会総会（17期3中全会）で"三农问题" sānnóng wèntí（農業、農民、農村問題）を重点的に取り上げ、農民工問題について、中小都市では農民工に都市戸籍を認め、都市住民との格差をなくす方針を打ち出しました。

2. "农民工子弟学校"
　　nóngmíngōng zǐdì xuéxiào

　親と一緒に都会へ行った子供たちは都会の学校に入って勉強しなければならないのですが、都会の"公立学校" gōnglì xuéxiào では彼らを受け入れる体制はまだできていません。そこで農民工の子供のための"私立学校" sīlì xuéxiào が現れました。

　これで"农民工子弟"の就学問題は解決されたように思えますが、問題がないわけではありません。こういった民間学校はほとんどが厳しい財政下にあります。優秀な先生を採用し、学校に必要な設備を購入することができないため、子供たちが今後、進学したり、社会に出てからの様々な競争に勝てる

留守儿童
liúshǒu értóng
第 12 課

1. "留守儿童" liúshǒu értóng
（留守児童）
2. "农民工子弟学校"
nóngmíngōng zǐdì xuéxiào
3. 農村における"义务教育"
yìwù jiàoyù の普及

ような良質な教育を受けさせることが出来ないのです。

●中国の戸籍制度

中国の戸籍制度は1958年の「戸籍管理条例」が基本になっています。戸籍は「農業戸籍」「都市戸籍」に分けられています。これは、労働力を農業に引きとめ、食料生産を確保し物資が欠乏している都市への人口の集中を避けるためでした。最近では、人の自由な移動を認めるべきだとする主張が広がり、1990年以降は農村戸籍者の小都市への正式移住を認める改革が広東省などで行われてきました。しかし、大都市においては戸籍の壁は依然として厚く、「農民学校」の出現などもその制度の矛盾の現れといえるでしょう。

3. 農村における"义务教育"
　　yìwù jiàoyù の普及

2002年の統計では小学校の就学率は98.6％、中学校の就学率は90％になっており、全国で9年制の"义务教育"を基本的に普及させています。しかし家が貧しいことが原因で中途退学する子供の割合が6％にもなっています。

"农村教育" nóngcūn jiàoyù はほかにも多くの問題を抱えています。教育予算の不足から、校舎の老朽化、教員不足が深刻な問題になっています。これらの問題にたいして、現在教育予算の充実と合わせて、校舎の改修や改築、教員の賃金保証メカニズムの完全化に向けての取り組みが進められています。政府はまた大学卒業生にもっと西部へ、農村へ行って優秀な教師になって農村教育に貢献するよう呼びかけています。

山村の小学校

Lianxi
練習問題

【1】次の会話を聞き、（　）に二字の単語を書き入れなさい。【CD★25】

王先生：你有烦恼吗？
张小姐：有啊。我想去（　　　），又有点儿犹豫。
王先生：你犹豫什么呀？
张小姐：我还想（　　　）儿工作。
王先生：留学（　　　）再工作不好吗？
张小姐：那，我的（　　　）就太大了，我还想早点儿（　　　）。

【2】①〜④の中から最も適当なものを選んで（　）に書き入れてから日本語に訳しなさい。

1) 我（　）你带来了一个好消息，你想知道吗？
　①对　　②给　　③离　　④往

　_____

2) 她的汉语说得（　）中国人一样好。
　①像　　②比　　③更　　④都

　_____

【3】本文を参考しながら、aに量詞、bに結果補語を入れてから、全文を日本語に訳しなさい。

　　"望子成龙"是中国的传统思想。阿强和阿娥希望自己的孩子能进一（a.　　）好小学，希望自己的孩子能受（b.　　）良好的教育，希望自己的孩子能"青出于蓝而胜于蓝"。

　_____

　_____

　_____

　_____

[第 13 课] 阿强的牵挂 13
AQIANG DE QIANGUA

【CD★26】

孔子 说：" 父母 在，不 远 游。" 意思 是：父母 健在
Kǒngzǐ shuō: "Fùmǔ zài, bù yuǎn yóu." Yìsi shì: Fùmǔ jiànzài
的 时候，孩子 不 应该 远离 父母。 中国 还 有 一 个
de shíhou, háizi bù yīnggāi yuǎnlí fùmǔ. Zhōngguó hái yǒu yí ge
传统 观念："百 善 孝 当 先"，意思 是：孝敬 父母 是
chuántǒng guānniàn: "Bǎi shàn xiào dāng xiān", yìsi shì: Xiàojìng fùmǔ shì
第 一 位 的。"孝顺" 是 一 个 美好 的 品德。在 中国
dì yī wèi de. "Xiàoshùn" shì yí ge měihǎo de pǐndé. Zài Zhōngguó
"孝顺" 可以 说 是 一 个 人 最 起码 的 行为 准则。
"xiàoshùn" kěyǐ shuō shì yí ge rén zuì qǐmǎ de xíngwéi zhǔnzé.
阿强 的 母亲 几 年 前 病逝 了。父亲 已经 七十 多
Āqiáng de mǔqin jǐ nián qián bìngshì le. Fùqin yǐjīng qīshí duō

【牵挂】心配する、気になる
【应该～】～すべきである
　①人应该有理想。Rén yīnggāi yǒu lǐxiǎng.
　②睡眠不应该太少，也不应该太多。
　　Shuìmián bù yīnggāi tài shǎo, yě bù yīnggāi tài duō.
【孝顺】親孝行をする
【可以说～】～と言える
　①可以说每个人都想健康长寿。
　　Kěyǐ shuō měi ge rén dōu xiǎng jiànkāng chángshòu.
　②可以说天气对人的情绪是有影响的。
　　Kěyǐ shuō tiānqì duì rén de qíngxù shì yǒu yǐngxiǎng de.
【起码】最低限の、少なくとも
【准则】規範、のっとるべき原則
【病逝】病気で逝去する

岁了，他很想在父亲身边孝敬父亲。可是，他
suì le, tā hěn xiǎng zài fùqin shēnbiān xiàojìng fùqin. Kěshì, tā

刚刚开始创业，刚刚在他的黄金时代打下了他
gānggāng kāishǐ chuàngyè, gānggāng zài tā de huángjīn shídài dǎxiàle tā

的人生基础，工厂离不开他，他也离不开工厂。
de rénshēng jīchǔ, gōngchǎng líbukāi tā, tā yě líbukāi gōngchǎng.

【打～基础】基礎を築く、基礎を固める
　①小学是打基础的阶段。Xiǎoxué shì dǎ jīchǔ de jiēduàn.
　②无论学什么都要打好基础。Wúlùn xué shénme dōu yào dǎhǎo jīchǔ.
【尽孝道】孝行の道をつくす
【让……】～に～させる、～させておく
　①他让我忘了他，可是我忘不了。Tā ràng wǒ wàngle tā, kěshì wǒ wàngbuliǎo.
　②爸爸不让孩子抽烟。Bàba bú ràng háizi chōuyān.

可是他非常牵挂父亲。一想到家乡的父亲，一想到不能尽一个做儿子的孝道，他就感到心痛。这件事情常常让他心烦意乱。最近，他请了一位亲戚帮助他照顾父亲，让他那颗时时牵挂的心得到了一些安慰。

其实，阿强的父亲也不会同意阿强丢下工厂回老家的，他不会拖儿子的后腿。他更希望儿子有前途，有发展。

【心烦意乱】いらいらして気持ちが乱れる
【颗】多く粒状のものを数える量詞
【其实】実は
【丢下】投げる、ほうっておく
【老家】ふるさと、実家
【拖后腿】足をひっぱる

Lesson 13

"孝道"
xiàodào

1. "孝道" xiàodào（親に仕える道）

　孟子（もうし）には "孝子之至，莫大于尊亲" xiàozǐ zhī zhì, mò dà yú zūn qīn（親に孝行することが一番大事）という言葉があります。甲骨文の中にすでに "孝" という字があったといいますから孝行は紀元前11世紀にまで遡ることができます。

　孝行は中国では儒教の考えの核心と言えるもので、個人、つまり家を基本として社会の秩序を保っていく道徳の規範として唱えられてきました。中国の伝統的な美徳と言えるものです。孝行の教育を普及するために《百孝経》、《孝経》、《二十四孝》など古代から伝えられてきた本があります。

2.《二十四孝》èrshisì xiào

　元の時代（1206～1368）に郭居敬という人が、親孝行であったという二十四人の話をまとめたものです。登場人物は皇帝から、役人、文人、庶民各層にわたっています。儒教の考えを重んじた歴代中国王朝は孝行を重要な徳目として治世を行いました。以下、二十四話の中の二つを紹介しておきます。

1)"子路负米" Zǐlù fù mǐ
　（子路、米を負うて親を養う）

　子路は孔子の門下で「孔門十哲」の一人と言われ、『論語』に出てくる回数が最も多い人です。

　子路の家はとても貧乏でした。そのため子供のころから粗末な野菜の弁当を持って遠くの町や村まで行って、どんな仕事でも引き受けて働きました。そして、わずかなお金をもらい、お米などを買って背負って家に帰り、両親を養う日々を過ごしていました。

　両親が亡くなって、子路は孔子の門で学び、その学識と人格が広く知られるところとなりました。楚の国へ遊説

孝道 xiàodào 第 13 課

1. "孝道" xiàodào（親に仕える道）
2. 《二十四孝》èrshísì xiào
3. 現代社会の孝行

した時、王は子路の資質を認め官吏として登用しました。馬車に山盛りに積みあげられた米を見て「ああ、粗末な野菜の弁当を持って親のために働き、夕暮の遠い道を米を背負って帰ったあの日……、もう親孝行することはできなくなった……」と心中でこう言って嘆く子路でした。

2)"亲尝汤药"Qīncháng tāngyào
　（自ら薬を味わう）

前漢時代の文帝が、母に対して孝養を尽くしたという話です。

文帝は日夜、国事に奔走し、国造りに全霊をそそぎ漢の国は大いに栄えました。

その間、文帝の母は病気になり三年間も病床にありました。文帝は夜遅くなっても毎日のように母を見舞い、看病し、衣服の帯を解くこともなく、母の病状に気を配ったといいます。

母の薬を自ら飲んでみてから初めて安心して母に飲んでもらうという具合でした。

このような文帝の行いは、国中に知れわたり、その慈悲深さに人々は感心したのでした。文帝の政治の根底には仁や孝がありました。彼は政治改革、減税などを行い、世の中は豊かになり民心は安定しました。漢の時代は文帝と景帝の時代が経済も栄え発展し世の中が安定したので「文景の治」と称えられました。

3. 現代社会の孝行

孝行の精神は現代の中国人の心の中に昔と変わることなく存在しています。しかし、ここ数年就職が難しくなるにつれ、独立できない若者が増えてきました。ある調査によりますと、大学を卒業して2、3年経つと結婚のために家を購入したいと考える人が大勢います。しかし、自分の給料が少ないため、親が代わりに頭金を払ったりします。残ったローンは自分で負担しますが、それを払えば、もらった給料が殆どなくなります。彼らはお金を節約するために、毎日親のもとに帰って食事をする始末です。親に孝行する気持ちがあっても、実質的には親のすねを齧る"啃老"kěnlǎo なのが現実です。

練習問題

【1】次の会話を聞き、（　）に二字の語句を書き入れなさい。【CD★27】

张小姐：你的父母多大（　　　）了？
王先生：爸爸85岁，妈妈83岁了。
张小姐：你（　　　）回家看他们吗？
王先生：我很想经常去看他们，可是我离他们（　　　）。
张小姐：那你多长（　　　）看他们一次。
王先生：有时间的（　　　）就回去看他们。

【2】①～④の中から最も適当なものを選んで空欄にいれてから日本語に訳しなさい。

1) 给我一点儿时间，（　　）我再好好儿想一想。
①被　②给　③连　④让

_____

2) 学外语（　　）多说多练。
①应该　②所以　③即便　④而且

_____

【3】課文を参考しながら、aに副詞、bに量詞、cに動詞、dに量詞を入れてから、全文を日本語に訳しなさい。

　　阿强一想到不能尽一个做儿子的孝道，(a.　　) 感到心痛。这 (b.　　) 事情常常让他感到心烦意乱。最近，他请了一位亲戚帮助他照顾父亲，(c.　　) 他那 (d.　　) 时时牵挂的心得到了一些安慰。

_____

_____

_____

_____

【第 14 课】阿娥心目中的阿强
A'E XINMU ZHONG DE AQIANG

【CD★28】

阿娥 说 阿强 几乎 没 什么 爱好，既 不 爱 打 麻将、
Ā'é shuō Āqiáng jīhū méi shénme àihào, jì bú ài dǎ májiàng、

下 象棋，也 不 爱 唱 卡拉OK。阿强 就 爱 他 的 工厂，
xià xiàngqí, yě bú ài chàng kǎlā-OK. Āqiáng jiù ài tā de gōngchǎng,

爱 他 的 家人，爱 他 的 家乡。
ài tā de jiārén, ài tā de jiāxiāng.

阿强 虽说 是 个 厂长，可是 他 每天 早上 一定 要
Āqiáng suīshuō shì ge chǎngzhǎng, kěshì tā měitiān zǎoshang yídìng yào

去 菜市场 买 80 名 员工 一 天 要 吃 的 菜，然后
qù càishìchǎng mǎi bāshí míng yuángōng yì tiān yào chī de cài, ránhòu

开车 送 儿子 去 上学。即便 是 周末 阿强 都 在 工作。
kāichē sòng érzi qù shàngxué. Jíbiàn shì zhōumò Āqiáng dōu zài gōngzuò.

阿强 对 阿娥 说 他 的 家乡 还是 很 落后。每 个
Āqiáng duì Ā'é shuō tā de jiāxiāng háishi hěn luòhòu. Měi ge

【下象棋】将棋を指す

【虽说】～とはいっても、～とはいえ
　　例）虽说公司的工作很辛苦，但是我很喜欢。
　　　　Suīshuō gōngsī de gōngzuò hěn xīnkǔ, dànshì wǒ hěn xǐhuan.

【一定】必ず、きっと
　　①有你帮忙一定没问题。Yǒu nǐ bāngmáng yídìng méi wèntí.
　　②你放心，我一定不说。Nǐ fàngxīn, wǒ yídìng bù shuō.

【开车】車を運転する

【即便……都/也】たとえ、仮に
　　例）即便有钱，也不应该浪费。Jíbiàn yǒu qián, yě bù yīnggāi làngfèi.

家庭 的 年收入 只 有 两、三 千 元，比 沿海 城市 一 个
jiātíng de niánshōurù zhǐ yǒu liǎng、sān qiān yuán, bǐ yánhǎi chéngshì yí ge
普通 大学 毕业生 的 月薪 还 少。
pǔtōng dàxué bìyèshēng de yuèxīn hái shǎo.
　　 家乡 贫困 的 主要 原因 是 人 多 地 少 与 交通 不
　　 Jiāxiāng pínkùn de zhǔyào yuányīn shì rén duō dì shǎo yǔ jiāotōng bú
便。农民 为了 卖掉 自己 种植 的 花生 和 红薯，要 背着
biàn. Nóngmín wèile màidiào zìjǐ zhòngzhí de huāshēng hé hóngshǔ, yào bēizhe
背篓 走 4 公里 山路 到 镇上 的 集市 去。到了 秋天，
bēilǒu zǒu sì gōnglǐ shānlù dào zhènshang de jíshì qù. Dàole qiūtiān,

【落后】遅れている
【卖掉】売る、売りさばく
【花生】落花生、ピーナッツ
【红薯】サツマイモ
【背】背負う、担う
【背篓】背負いかご
【镇上的集市】町の定期市

农民们　　眼睁睁　地 看着 满 山 遍 野 的 柑桔 都 烂在
nóngmínmen yǎnzhēngzhēng de kànzhe mǎn shān biàn yě de gānjú dōu lànzài
地里 运不出 去，他们 没有 能力 把 它们 都 背到 山下 去。
dìli yùnbuchū qù, tāmen méiyou nénglì bǎ tāmen dōu bēidào shānxià qù.
　　最近，政府 要 出资 为 他 的 家乡 修 公路，阿强 想
　　Zuìjìn, zhèngfǔ yào chūzī wèi tā de jiāxiāng xiū gōnglù, Āqiáng xiǎng
拿出 一 笔 钱，他 太 想 为 家乡 多 做 一点儿 贡献 了。
náchū yì bǐ qián, tā tài xiǎng wèi jiāxiāng duō zuò yìdiǎnr gòngxiàn le.
　　在 阿娥 的 眼里，阿强 是 个 完美 的 好 男人。
　　Zài Ā'é de yǎnli, Āqiáng shì ge wánměi de hǎo nánrén.

【眼睁睁】見ているだけでどうすることもできない
【满山遍野】野にも山にも満ちている
【柑桔】みかん
【烂】腐る、腐敗する
【运】運ぶ、輸送する
【修公路】道路をつくる
【一笔钱】相当額のお金

Lesson 14

"贫富差别"
pínfù chābié

**1. "贫富差别" pínfù chābié
（貧富の格差）**

1）沿海地域と内陸部の格差

改革開放以来、中国政府による一連の外資優遇政策は沿海部を中心に行われました。沿海部は立地条件が良いため外資企業は沿海部に多数進出し、輸出主導の高成長が続くようになりました。そのため内陸部との格差が開いてしまい、2002年の時点では上海と貴州（国内では一番貧しい省とされています）の個人収入の格差は約13倍にもなりました。

2）都市と農村の格差

● 1958年、かつて毛沢東は労働者と農民、都会と農村、肉体労働者と頭脳労働者の格差を縮小しなければならないと呼びかけました。50年経った今、その格差が拡大しつつあります。

● 国家統計局が発表した公報によりますと：2006年大陸都市住民の平均年収は1万1759元であるのに対して、農民の平均収入は3685元で、その比は3.19：1でした。20年前の1985年では都市住民の平均給料は690元、農民は397元で、その比は1.74：1でした。20年間で都市と農村の差は85％拡大したことになります。

● 農業収入が少ないため、農民たちの農業に従事する意欲が低下し、80年代から都会へ出稼ぎに行く人が増えました。その結果、農業は一層ないがしろにされるという悪循環が発生しました。農民の負担を減らし、生産意欲を促進するために、2006年1月1日から中国の歴史上2000年以上も課せられていた農業税が免除されました。

貧富差別
pínfù chābié 第 14 課

1. "贫富差别" pínfù chābié（貧富の格差）
2. "社会主义新农村" shèhuìzhǔyì xīn nóngcūn
3. 交通・物流インフラ建設の誘発効果

2. "社会主义新农村"
shèhuìzhǔyì xīn nóngcūn

2005年12月31日政府は「社会主義新農村建設促進に関する若干の意見」を出しました。「生産力を発展させ、豊かな生活、文化的風土の醸成、村の様相の整備、民主的な管理」を新農村建設の長期目標にしました。

3. 交通・物流インフラ建設の誘発効果
〈西安郊外の渭南市の農村の例〉

高速道路開通による物流の大幅改善により、その農村から輸出港（江蘇省北部の連雲港）までの輸送時間は3日から1日へと短縮されました。その結果、スペイン資本が同農村のアスパラガス加工工場を買収し、同地からの輸出が始まりました。アスパラガス工場の生産ピーク期は1年のうち3ヶ月間です。その間の雇用者数は1000名、月給は800元〜1000元で、3ヶ月間の累計額は中国の平均的な農民の年間農業収入（3000元程度）に匹敵します。

さらに同地で生産するアスパラガスの販売価格も大幅に上昇し、農民にとって二重の所得押上げ効果をもたらしました。こうした農民の収入増を背景に、農民の消費意欲が増大していることから、農村部におけるショッピングセンターの建設が全国的に進められています。

このような変化が本格化したのは2〜3年前からのことです。現時点では、内陸部の産業振興が中国経済全体を押し上げる効果は限られていますが、今後徐々にその効果は拡大し、長期にわたり中国経済を牽引する重要なエンジンのひとつとして機能し続けることが予想されています。

（出典：キャノングローバル戦略研究所）

練習問題

【1】 次の会話を聞き、（ ）に二字の単語を書き入れなさい。【CD★29】

张小姐：在你的（　　　　）中，你的女朋友是一个什么样的人？
王先生：是一个很（　　　　）的人。
张小姐：怎么完美啊？
王先生：工作（　　　　）很强，（　　　　）的人都很信任她。
张小姐：其它方面呢？
王先生：菜做得好，也很（　　　　）老人。
张小姐：那你很（　　　　）啊！
王先生：是，我很知足。

【2】 ①～④の中から最も適当なものを選んで、（ ）に書き入れてから日本語に訳しなさい。

1）虽说她很有钱，（　　　　）她还是很节俭。
　①但是　②而且　③所以　④无论

_____

2）即便你不同意，我（　　　　）要做。
　①还　②更　③非　④也

_____

【3】 課文を参考しながら、a に介詞、b にアスペクト助詞を入れてから、全文を日本語に訳しなさい。

　　　家乡贫困的主要原因是人多地少与交通不便。农民（a.　　）卖掉自己种植的花生和红薯，要背（b.　　）背篓走4公里山路到镇上的集市去。

_____

_____

_____

_____

【第 15 課】

憧憬未来 15
CHONGJING WEILAI

【CD★30】

阿强 至今 仍 保留着 一 个 习惯 —— 过年 穿 新
Āqiáng zhìjīn réng bǎoliúzhe yí ge xíguàn —— guònián chuān xīn
衣裳。每 到 过年 的 时候 他 都 为 自己 买 一样 新
yīshang. Měi dào guònián de shíhou tā dōu wèi zìjǐ mǎi yíyàng xīn
东西。
dōngxi.

去年 阿强 为 自己 买了 一 双 皮鞋，今年 他 想
Qùnián Āqiáng wèi zìjǐ mǎile yì shuāng píxié, jīnnián tā xiǎng
为 自己 买 一 件 风衣。可是 他 跑遍了 东莞 大大小小
wèi zìjǐ mǎi yí jiàn fēngyī. Kěshì tā pǎobiànle Dōngguǎn dàdàxiǎoxiǎo
的 商店 都 没 买到 合适 的 风衣。便宜 的 不 好，好
de shāngdiàn dōu méi mǎidào héshì de fēngyī. Piányi de bù hǎo, hǎo
的 太 贵。一 件 好 风衣 价格 高到 一、两 千 元。阿娥
de tài guì. Yí jiàn hǎo fēngyī jiàgé gāodào yì, liǎng qiān yuán. Ā'é
知道 阿强 舍不得 买 那么 贵 的 风衣 就 连夜 为 阿强
zhīdao Āqiáng shěbude mǎi nàme guì de fēngyī jiù liányè wèi Āqiáng

【憧憬】憧れる、希望を抱く
【至今】いまなお、現在でも
【仍】依然として
【过年】新しい年を迎える
【衣裳】(話しことば) 衣服
【风衣】トレンチコート
【跑遍】くまなく歩き回る
【大大小小】大きなものと小さなもの
【舍不得】使うこと・捨てることを惜しむ、～したがらない
　　例）远离故乡，我心里真舍不得。Yuǎnlí gùxiāng, wǒ xīnli zhēn shěbude.

做了 一 件。春节 前，阿强 穿上 新 风衣 带着 阿娥 和
zuòle yí jiàn. Chūnjié qián, Āqiáng chuānshang xīn fēngyī dàizhe Ā'é hé

儿子 坐上 飞机 回 老家 过年 去 了。这 次 回家 他们
érzi zuòshang fēijī huí lǎojiā guònián qù le. Zhè cì huíjiā tāmen

没有 像 以前 那样，下了 火车 换 汽车、换了 汽车 换
méiyou xiàng yǐqián nàyàng, xiàle huǒchē huàn qìchē、huànle qìchē huàn

摩的。
módí.

【春节】旧正月
【转折】（事物発展の方向が）転換する
【成衣店】仕立て屋
【合身】体にぴったり
【种地】耕作する、農作業に従事する
【"无论"＋疑問詞＋"都"】～問わず、～にもかかわらず
　①无论多难，我都想试试。Wúlùn duō nán, wǒ dōu xiǎng shìshi.

憧憬未来 15

阿强 好 感慨，他 感慨 这些 年 的 努力 和 奋斗 给
Āqiáng hǎo gǎnkǎi, tā gǎnkǎi zhèxiē nián de nǔlì hé fèndòu gěi
他 带来 的 人生 转折。不过 阿强 说，如果 有 一 天 不
tā dàilái de rénshēng zhuǎnzhé. Búguò Āqiáng shuō, rúguǒ yǒu yì tiān bù
能 再 为 日本 加工 服装 了，就 开 一 家 小 成衣店，为
néng zài wèi Rìběn jiāgōng fúzhuāng le, jiù kāi yì jiā xiǎo chéngyīdiàn, wèi
顾客 做 既 便宜 又 合身 的 新 衣裳。我 还 可以 回 家乡
gùkè zuò jì piányi yòu héshēn de xīn yīshang. Wǒ hái kěyǐ huí jiāxiāng
去 种地，还 可以 到 当年 的 那个 绿草 茂盛 的 小
qù zhòngdì, hái kěyǐ dào dāngnián de nà ge lǜcǎo màoshèng de xiǎo
山坡 上 去 放 牛。
shānpō shang qù fàng niú.

阿强 是 坚强 的，无论 遇到 什么样 的 困难，他 都
Āqiáng shì jiānqiáng de, wúlùn yùdào shénmeyàng de kùnnan, tā dōu
会 向 前 看，朝 前 走 的。
huì xiàng qián kàn, cháo qián zǒu de.

②他无论干什么都非常认真，是一个可信赖的人。
　Tā wúlùn gàn shénme dōu fēicháng rènzhēn, shì yí ge kě xìnlài de rén.
【遇到】出会う、ぶつかる、当面する
【朝】〜に向けて、〜を向いて
　例）她朝窗外看了一眼，雨还在下着。
　　　Tā cháo chuāngwài kànle yì yǎn, yǔ hái zài xiàzhe.

Lesson 15

"春节"
Chūnjié

1. **"春节" Chūnjié（旧正月）**

● 中国の最も賑やか、かつ伝統的な祝日が"春节"です。中国ではお正月といえば旧暦の正月を指します。大晦日は大掃除をしたり、"年夜饭"niányèfàn（大晦日の夕飯）の準備をしたりと大変忙しいです。"年夜饭"には魚（"余"yú と同じ発音なので、余裕のある一年になるという願いをこめて）料理は欠かせません。また北方では"饺子"jiǎozi、南方では"年糕"niángāo、"汤圆"tāngyuán（もち米の粉で作る団子状の食品）などを食べてお祝いします。"年夜饭"は新しい年を迎えても家族が一緒に、幸せな日々を送れるよう家族全員が揃って食べるものです。最近はホテルやレストレンで"年夜饭"を食べる家庭も増えました。

● お正月にはまた"春联"chūnlián（旧正月に門や入り口の框に貼る、めでたい文句を赤紙に書いた掛け物）や"福"fú という字、"窗花"chuānghuā（切り紙細工の一種）や"年画"niánhuà（旧正月に掛ける吉祥を表す絵）を貼って、めでたい気分を引き立て、家をにぎやかに綺麗に飾る風習があります。

2. **"放爆竹" fàng bàozhú（爆竹を鳴らす）**

中国のお正月に爆竹は欠かせません。もともと、爆竹や花火には大きな

春节
Chūnjié 　　第 15 課

1. "春节" Chūnjié（旧正月）
2. "放爆竹" fàng bàozhú
 （爆竹を鳴らす）
3. "娱乐活动" yúlè huódòng
 （イベント）
4. "春节联欢晚会"
 Chūnjié liánhuān wǎnhuì
5. "春运" chūnyùn

音で災難をもたらす魔物を追い払うという意味あいがあります。除夜には、ひっきりなしに爆音がとどろきます。大気汚染、爆発、火事などの事故が問題となり、都市部では禁止をしたところもありました。しかし、爆竹は新年を迎えるための「必須アイテム」です。近年では禁止も規制へと変更しつつあるようです。

3. "娱乐活动" yúlè huódòng（イベント）

春節をお祝いするために、各地で"耍狮子" shuǎ shīzi（獅子舞）、"舞龙灯" wǔ lóngdēng（旧暦1月15日に竜の形にした提灯を棒で上に上げながら舞う踊り）、"扭秧歌" niǔ yāngge（北方で広く行われる民間舞踊）、"踩高跷" cǎi gāoqiāo（高足踊り）、"逛庙会" guàng miàohuì（縁日の市をぶらつく）などいろいろなイベントが行われます。

4. "春节联欢晚会" Chūnjié liánhuān wǎnhuì

1983年、中央テレビ局で初めての"春晚"が放送されました。歌、踊り、伝統劇、寸劇などがあり、総合的な文芸番組です。"春晚"は誕生以来、視聴率のもっとも高い番組になり、今や毎年、海外の華人を含め、20数億人が大晦日の夜、テレビの前でこれを楽しみながら、新年を迎えるのです。"春晚"はすでに中国の新しい民俗、新しい文化になりました。

5. "春运" chūnyùn

春節は国定祝日とされ、2008年に施行された「労働契約法」では春節から三日間を祝日と定めています。そのため、春節の二週間前から春節の三週間後まで、中国大陸では交通運輸のピークが生じます。農民工が実家で春節を過ごし、大学生もこの時期には冬休みに入り、また、春節の休暇を利用し旅行に出かける人も多いので、毎年この時期に入ると延べ20数億人の大移動が始まります。列車などのチケットを取るのもひと苦労です。

Lianxi 練習問題

【1】次の会話を聞き、（ ）に二字の語句を書き入れなさい。【CD★31】

王先生：你（　　　）都回家过（　　　）吗？
张小姐：当然。你呢？
王先生：我也是。你坐（　　　）回去吗？
张小姐：我（　　　）坐火车，现在基本上坐（　　　）。
王先生：坐飞机好啊，飞机比火车快（　　　）。

【2】①〜④の中から最も適当なものを選んで、（ ）に書き入れてから日本語に訳しなさい。

1) 那件衣服我买了好多年，一直（　　）穿，现在都小了。
　①舍不得　②买不起　③离不开　④靠不住

_____

2) （　　）带她去哪儿，她都非常高兴。
　①如果　②即使　③无论　④不但

_____

【3】本文を参考しながら、aに結果補語、bにアスペクト助詞、cに動詞を（ ）に入れてから、全文を日本語に訳しなさい。

　　春节前，阿强穿（a.　　　）新风衣带（b.　　　）阿娥和儿子坐上飞机回老家过年去了。这次回家，他们没有（c.　　　）以前那样下了火车换汽车，换了汽车换摩的。

_____

_____

_____

_____

新中国成立60周年略年譜

1949年	毛沢東、中華人民共和国の成立を宣言
1950	朝鮮戦争勃発、「中国人民志願軍」を朝鮮へ派遣
1951	人民解放軍、チベットのラサに進駐
1952	汚職撲滅などの「三反、五反運動」はじまる
1953	第一次5ヵ年計画開始
1954	周恩来・ネルー、平和五原則共同声明
1955	バンドンで第一回アジア・アフリカ会議
1956	毛沢東、「百花斉放・百家争鳴」提唱
1957	「反右派闘争」開始（～1958）
1958	共産党、「社会主義建設の総路線」提唱、大躍進運動開始
1959	ソ連が「中ソ国防新技術協定」を破棄；チベット動乱。ダライ・ラマ、インドに亡命
1960	ソ連政府、中国へ派遣していた専門家を引き揚げ
1961	共産党、大躍進政策停止、調整政策へ転換
1962	劉少奇ら大躍進政策を批判
1963	毛沢東の提唱により「雷鋒同志に学ぼう」運動開始
1964	中国・フランス両国、共同声明を発表、外交関係締結；初めての核実験に成功
1966	「十年動乱」とも呼ばれるプロレタリア文化大革命が本格的に開始
1967	西部地区で初の水爆実験成功
1968	南京長江大橋鉄道橋開通
1969	中国共産党第9期全国代表大会開催、林彪、毛沢東の後継者とされる
1970	中国初の人工衛星「東方紅1号」の打ち上げ成功
1971	中国国連復帰
1972	ニクソン大統領訪中、中米上海コミュニケ発表；田中首相訪中、中日両国政府は共同声明を発表、中日国交正常化
1973	鄧小平、副総理として復活
1975	「四つの現代化（工業、農業、国防、科学技術の現代化）」を提起 ＜阿強出生＞
1976	周恩来死去；唐山大地震、死者約24万人；毛沢東死去；四人組逮捕
1977	大学統一入試制度復活
1978	中日平和友好条約締結；「改革開放路線」へ転換
1979	米中国交正常化
1980	広東省深圳市など4市を経済特区に
1981	鄧小平が「一国二制度」を提唱

1982 年	農村で生産責任制を実施
1983	中日間で残留孤児問題を協議；スーパーコンピュータ「銀河 1 号」の研究、製造に成功
1984	鄧小平、香港返還後の「一国二制度」50 年不変を明言；計画経済体制を打破することを明言
1985	中国初の南極調査のための長城ステーションが南極に建設
1986	ポルトガルとマカオ返還に関する協議開始
1987	政治体制改革を提起
1988	海南省、及び海南経済特区の設立
1989	天安門事件
1990	上海証券取引所が運営開始
1992	鄧小平の南巡講話始まる、改革開放加速；社会主義市場経済体制の構築を確定；中韓国交正常化；天皇皇后初の中国訪問
1993	全人代で「マカオ特別行政区基本法」採択；「金融体制改革に関する決定」を発表
1994	「都市住宅制度改革の深化に関する決定」を発表；三峡ダム、正式着工
1995	第 9 次五ヵ年計画を採択
1997	香港返還
1999	非公有制経済（民営企業）が中国の社会主義市場経済の重要な構成要素であることを明確化；マカオが返還
2001	2008 年オリンピックの北京招致成功；中国、WTO 加盟
2002	胡錦濤、中国共産党総書記に就任；2010 年国際博覧会、上海招致成功；「小康（ややゆとりある）社会の全面的な建設」を提起
2003	温家宝首相、就任；中国で初めての有人宇宙飛行「神舟 5 号」が成功
2004	上海でリニアモーターカー、世界初の商用利用開始
2005	第 11 次五ヵ年計画を採択；社会主義新農村の建設を提起；2000 年以上にわたった農業税条例廃止
2006	三峡ダム、工事完了
2007	温家宝首相、訪日；中国初の月面探査衛星「嫦娥 1 号」打ち上げ
2008	四川大地震、発生。マグニチュード 8、死者 65080 人；北京オリンピック開幕；中国三度目の有人宇宙飛行「神舟 7 号」成功
2009	中華人民共和国建国 60 周年
2010	上海万博開催

阿強的故事

あとがき

　2009年春、私は"东莞"の町を訪ねました。本文中に登場する黄社長は私の親友なのです。"东莞"にいる間黄社長には大変お世話になりました。ある日黄社長は私にご飯をご馳走してくれると言い、他にも二人の友人を招待しました。その二人こそ、本書に登場する阿強と阿娥でした。食卓ではもっぱら生産ラインと管理に関する話でした。純朴で真面目な阿強の顔を見ていると、私は彼のことが知りたくなり、今まで何をしていたのかを聞いてみました。すると彼は仕事より、むしろ故郷や子供の時代の話をたくさんしてくれました。

　彼の実家は貧しく、大変苦しい童年時代を送りました。当時家ではいつもサツマイモ粥を主食としていました。時にはトウモロコシをすり潰した粉をそれに混ぜていました。トウモロコシの粉を混ぜるととろとろになり、より満腹感を味わえるからです。祭日やお正月、あるいはお客さまが来た時にだけ、お米だけで炊いたご飯が食べられるのです。着るものも姉と兄たちのお下がりでした。洗いに洗い、つぎはぎだらけの服はもう元がどんな服か想像することすら出来ません。6、7歳の時にはもう家の仕事を手伝っていました。薪割り、牛の放牧、草刈り、そして市場が開かれるときには、サツマイモがぎっしり入った籠を背負って10キロの山道を越え、売りに行くのです。

幼い阿強がその小さな肩に重い籠を背負っている姿を想像すると思わずつらい気持ちになってしまいます。都会の子供たちには田舎の子供たちの苦労など知る由もないでしょう。また自分たちがどんなに幸せな生活を送っているかも気づいていないでしょう。

　その後私は阿強の工場を見学しました。数十台もの機械がエンジン音を立て、数十人もの従業員が仕事に精を出している光景は感慨深いものでした。貧しいことは実は恐ろしいことではないのです。希望と目標を持っていれば、そこから無限の可能性が生まれるのです。貧しかった阿強も今では自分の工場と自分の事業を持つことが出来たのですから。

　それから私はこの阿強の物語を日本の大学生たちにも知ってもらいたいと思いました。皆さんが中国語を勉強すると同時に阿強の生き様からその努力する精神に触れて欲しいと思いました。また本書を通して近・現代の中国に起きた多くの歴史的なことや大きな変化を学んで欲しいと思います。皆さんがこの物語から何かを学び、中国語の力を伸ばしてゆけることを心から願っています。

2010 年　秋

蘇明

写 真

第 10 課　p. 58「中国石化」
Image Description: Shanghai International Circuit, built in 2004, holds F1 and MotoGP races
Taken by: Emily Walker
Date: September 25, 2004
Source:http://www.flickr.com/photos/jemsweb/5548205/

第 10 課　p. 59「キヤノン緑援使者」
キヤノン株式会社

第 12 課　p. 71「山村の小学校」
裵振喜

第 12 課　p. 89
呉雨田

■著者紹介
相原茂（AIHARA Shigeru）
TECC中国語コミュニケーション協会代表

蘇　明（SU Ming）
慶應義塾大学講師

<ruby>阿強的故事<rt>アーチャン の ものがたり</rt></ruby>

■発行日	2011年4月1日初版発行
■著者	相原茂　蘇明
■発行者	尾方敏裕
■発行所	株式会社 好文出版
	〒162-0041　東京都新宿区早稲田鶴巻町540　林ビル3F
	電話 03-5273-2739　Fax.03-5273-2740
	http://www.kohbun.co.jp
■イラスト	盧思
■DTP	株式会社ワードトップ
■装丁	関原直子
■印刷／製本	音羽印刷株式会社

© 2011 Printed in Japan　ISBN978-4-87220-141-3
本書の内容をいかなる方法でも無断で複写、転載することを禁じます
乱丁落丁はお取替えいたしますので直接弊社あてお送りください
定価は表紙に表示してあります